BUKU MASAK KASSEROL CEPAT FIX

100 Resipi Mudah untuk Makanan Selesa yang Lazat

Jane Manicka

Bahan Hak Cipta ©2024

Hak cipta terpelihara

Tiada bahagian buku ini boleh digunakan atau dihantar dalam apa jua bentuk atau dengan apa jua cara tanpa kebenaran bertulis yang sewajarnya daripada penerbit dan pemilik hak cipta, kecuali petikan ringkas yang digunakan dalam semakan. Buku ini tidak boleh dianggap sebagai pengganti nasihat perubatan, undang-undang atau profesional lain.

ISI KANDUNGAN

- ISI KANDUNGAN 3
- PENGENALAN 6
- **KASEROL TELUR** 7
  1. Asparagus–Bakar Muffin Inggeris 8
  2. Burrito Sarapan Panggang 10
  3. Pizza Telur Kacau Dan Ham 12
  4. Bacon dan Telur Kaserol 14
  5. Sosej–Bakar Sarapan Hash Coklat 16
  6. Telur Barat Daya 18
  7. Buah ceri Oatmeal Kaserol 20
  8. Sarapan tengah hari telur dadar 22
  9. Bulan Sabit, Hash Coklat dan Bakar Sosej 24
  10. Kismis Roti BakarKaserol 26
  11. Bayam Telur dadar 28
  12. Kaserol Sosej Swiss 30
  13. Kaserol Gulung Kismis Kayu Manis 32
  14. Epal Fritter Croissant Bakar 34
  15. Blueberry Roti BakarBakar 36
  16. Kaserol Toast Perancis Asas 38
- **KASEROL AYAM** 40
  17. Kaserol Ayam Brokoli 41
  18. Ayam gajus 43
  19. Ayam Keju 45
  20. Enchilada Cip Tortilla 47
  21. Kaserol Ayam Roti Jagung 49
  22. Enchilada Ayam Mesra Keluarga 51
  23. Kaserol Ayam Fiesta 53
  24. Kaserol Ayam Lemony Manis 55
  25. Kaserol Ayam Mangga 57
  26. Kaserol Biji Popi 59
  27. Kaserol Ayam Nanas 61
  28. Gulung Ayam Barat Daya 63
  29. Ayam Swiss 65
  30. Turki Dan Kentang Bakar 67
  31. Ayam Teriyaki 69
  32. Nasi Liar Dan Ayam 71
  33. Kaserol Ayam Basil 73
  34. Selepas Kesyukuran Kaserol 75

35. Kaserol Tortilla Turki 77
36. Turketti 79
37. Isi Dan Kaserol Turki 81
38. Divan Turki 83

CASEROLES MAMPU SAYURAN 85
39. Kaserol Asparagus 86
40. Kaserol Sayur Ketulan 88
41. Kaserol Kentang Mozzarella 90
42. Kaserol Bayam Berkrim 92
43. Kaserol Pizza Mexico 94
44. Kaserol Bawang Manis 96
45. Pai Gembala Sayuran 98
46. Kaserol Isi Sayur 100
47. Zucchini Keju Bakar 102

KELAPA DAN KACANG KACANG 104
48. Pai Tortilla Kacang Hitam Bersusun 105
49. Kaserol Kacang Hijau 107
50. Kaserol Pencinta Jagung Indiana 109
51. Kaserol Hominy 111

NASI DAN MEE KASEROL 113
52. Mee Puding Kaserol 114
53. Kaserol Pasta Ikan Kod 116
54. Kaserol Mee Turki 119
55. Kaserol Pasta Makanan Laut 121
56. Nasi Dan Kaserol Chile Hijau 123
57. Kaserol Pasta Ikan Dan Keju 125
58. Rotini Bakar 127
59. Kaserol Mee Cheddar Ham 129
60. Bakar Makaroni Itali 131
61. Ravioli Alfredo yang dibakar 133

KASEROL BABI 135
62. Kaserol Spaghetti Sosej 136
63. Bakar Piza Bacon Kanada 138
64. Brokoli Dan Ham Potpie 140
65. Kaserol Pizza Gaya Chicago 142
66. Brokoli Negara, Keju, Dan Ham 144
67. Potongan Babi Keju Swiss 146
68. Hash Coklat Syurga 148
69. Jambalaya 150
70. Nasi Oren Dan Daging Babi 152
71. Sosej Pepperoni Kaserol 154

KASERO LEMBU 156
72. Potpie Daging 157

73. Roti Jagung Atas Cili 159
74. Kaserol Enchilada 161
75. Enchilada Keju Krim 163
76. Chilighetti 165
77. Taco Hidangan Dalam 167
78. Kaserol Koboi 169
79. Pai Burger Keju yang Luar Biasa 171
80. Daging Dan Kentang Kaserol 173
81. Kaserol Bebola Daging 175
82. Bakar Barbeku Cincin Bawang 177
83. Kaserol Joe Pie yang cerobok 179
84. Kaserol Barat Daya 181
85. Kaserol Tater Tot 183

KASEROL IKAN DAN MAKANAN LAUT 185

86. Kaserol Tuna–Tater Tot 186
87. Kaserol Tuna Tradisional 188
88. Kaserol Salmon Mustard 190
89. Kaserol Makan Malam Salmon 192
90. Kaserol Makanan Laut Bayou 194
91. Kaserol Makanan Laut Berkrim 196
92. Kaserol Halibut 198
93. Tapak Bakar & Kaserol Bayam 200
94. Kaserol Batang Jagung & Ikan 203
95. Kaserol Tiram 205
96. Kaserol Kreol Udang 208
97. Kaserol Gratin Makanan Laut 210

KASEROL MANIS 212

98. Kaserol Roti Pendek Strawberi 213
99. Kaserol Pancake Pisang Coklat 215
100. Smores Kaserol 217

KESIMPULAN 219

PENGENALAN

Selamat datang ke "Buku Masakan Kaserol Pembaikan Pantas: 100 Resipi Mudah untuk Makanan Keselesaan yang Lazat." Kaserol ialah lambang makanan yang selesa, menawarkan kehangatan, rasa dan rasa selesa dalam setiap gigitan. Dalam buku masakan ini, kami menjemput anda untuk menemui kegembiraan hidangan yang mudah dan mengenyangkan dengan koleksi 100 resipi kaserol yang menyelerakan yang direka untuk memudahkan masa anda di dapur sambil mengembirakan selera anda.

Kaserol digemari kerana kepelbagaian, kesederhanaan, dan keupayaan untuk memberi makan orang ramai dengan usaha yang minimum. Sama ada anda sedang memasak untuk makan malam malam minggu yang sibuk, perhimpunan potluck atau sekadar mengidam hidangan yang menenangkan selepas hari yang panjang, anda akan mendapat inspirasi dan kemudahan dalam halaman ini. Daripada kegemaran klasik seperti makaroni dan keju serta stroganoff daging lembu kepada kelainan inovatif pada resipi tradisional, terdapat kaserol untuk setiap majlis dan setiap selera.

Setiap resipi dalam buku masakan ini direka dengan teliti untuk memastikan rasa maksimum dengan kekecohan yang minimum. Dengan arahan yang mudah, bahan-bahan biasa dan petua berguna untuk penyediaan dan penyimpanan makanan, anda akan dapat menyediakan kaserol yang lazat dengan mudah, walaupun pada hari yang paling sibuk. Sama ada anda seorang tukang masak rumah yang berpengalaman atau baru di dapur, anda akan menemui banyak pilihan untuk memuaskan keinginan anda dan memudahkan rutin waktu makan anda.

Jadi, ambil hidangan kaserol anda, panaskan ketuhar anda dan bersedia untuk menikmati kebaikan " Buku Masakan Kaserol Pembaikan Pantas ". Dengan resipi yang menarik dan pendekatan praktikal untuk memasak, buku masakan ini pasti akan menjadi makanan ruji di dapur anda untuk tahun-tahun akan datang.

KASEROL TELUR

1. Asparagus–Bakar Muffin Inggeris

BAHAN-BAHAN:
- 1 paun asparagus segar, potong 1 inci
- 5 muffin Inggeris, belah dan bakar
- 2 cawan parut keju Colby Jack, dibahagikan
- 1 ½ cawan ham yang telah dimasak sepenuhnya
- ½ cawan lada benggala merah yang dicincang
- 8 biji telur, dipukul
- 2 cawan susu
- 1 sudu teh garam
- 1 sudu teh mustard kering
- ½ sudu teh lada hitam

ARAHAN:
a) Dalam periuk 4 liter, rebus kepingan asparagus 1 minit. Toskan dan masukkan ke dalam mangkuk besar berisi air ais untuk menghentikan proses memasak. Toskan dan keringkan asparagus dengan tuala kertas.

b) Letakkan separuh muffin Inggeris, potong bahagian atas, untuk membentuk kerak dalam kuali 9x13 inci yang telah digris. Potong muffin untuk mengisi ruang kosong dalam kuali mengikut keperluan. Lapiskan asparagus, separuh keju, ham dan lada benggala di atas mufin.

c) Dalam mangkuk besar, pukul telur, susu, garam, mustard kering, dan lada sulah. Tuangkan adunan telur rata ke atas muffin. Tutup dan sejukkan 2 jam atau semalaman. Keluarkan dari peti sejuk sebelum memanaskan ketuhar hingga 375 darjah. Bakar 40–45 minit, atau sehingga ditetapkan di tengah. Segera taburkan baki keju di atas dan hidangkan.

2.Burrito Sarapan Panggang

BAHAN-BAHAN:
- 12 biji telur
- ¾ cawan salsa chunky
- 10 tortilla tepung sederhana
- 4-auns boleh cincang cili hijau
- 1 cawan keju cheddar parut

ARAHAN:
a) Panaskan ketuhar hingga 350 darjah.
b) Dalam kuali, pukul telur dan salsa bersama sehingga padat tetapi tidak kering. Panaskan tortilla dalam ketuhar gelombang mikro sehingga lembut. Letakkan satu sudu adunan telur hancur di tengah setiap tortilla.
c) Gulungkan tortilla dan masukkan ke dalam loyang 9x13 inci yang telah digris.
d) Taburkan dengan cili hijau dan keju.
e) Tutup dan bakar 15 minit.

3.Pizza Telur Kacau Dan Ham

BAHAN-BAHAN:
- 1 tiub (13.8 auns) doh kerak pizza yang disejukkan
- 8 biji telur
- 2 sudu besar susu
- garam dan lada sulah, secukup rasa
- 1-½ cawan ham yang telah dimasak sepenuhnya
- 1 cawan keju cheddar parut

ARAHAN:
a) Panaskan ketuhar hingga 400 darjah.

b) Sapukan doh kerak pizza di sepanjang bahagian bawah dan separuh ke atas bahagian tepi loyang 9x13 inci yang telah digris. Bakar 8 minit.

c) Dalam kuali, kacau dan masak telur dan susu sehingga pejal tetapi tidak kering. Perasakan dengan garam dan lada sulah.

d) Sapukan telur hancur ke atas kerak panas. Letakkan ham dan keju sama rata di atas telur.

e) Bakar 8–12 minit, atau sehingga kerak berwarna perang keemasan dan keju cair.

4.Bacon dan Telur Kaserol

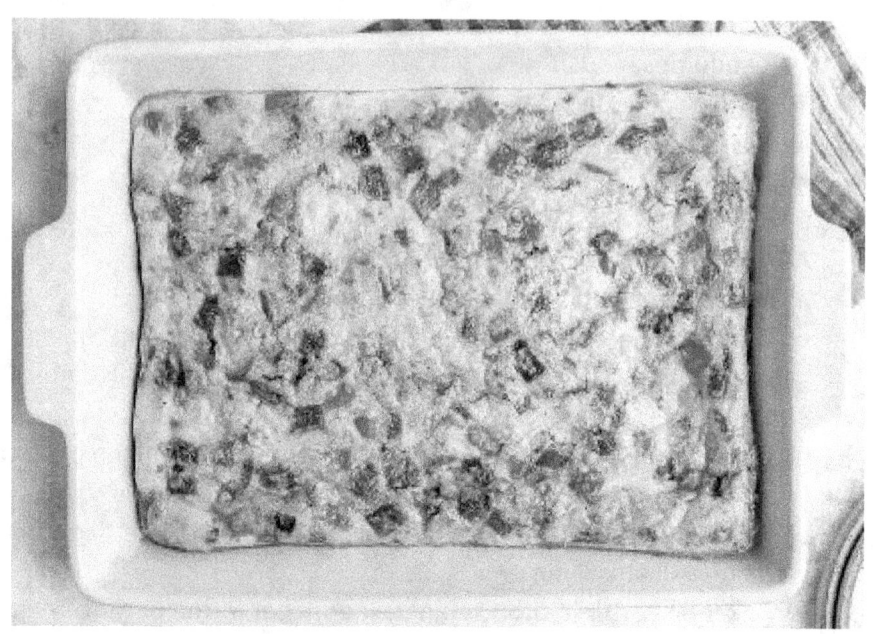

BAHAN-BAHAN:
- 12 biji telur
- 1 cawan susu
- 1 cawan parut keju Monterey Jack, dibahagikan
- 1 paun bacon, masak dan hancur
- 1 tandan bawang hijau, dicincang

ARAHAN:
a) Panaskan ketuhar hingga 325 darjah.
b) Dalam mangkuk, pukul telur, susu, dan separuh keju. Kacau dalam bacon dan bawang. Tuang adunan ke dalam loyang 9x13 inci yang telah digris.
c) Tutup dan masak 45 – 55 minit, atau sehingga telur ditetapkan.
d) Segera taburkan dengan baki keju dan hidangkan.

5. Sosej–Bakar Sarapan Hash Coklat

BAHAN-BAHAN:
- 3-½ cawan coklat cincang beku yang dicincang
- 1 paun sosej, perang dan toskan
- 1 cawan keju cheddar parut
- 6 biji telur, dipukul
- ¾ cawan susu
- 1 sudu teh mustard kering
- ½ sudu teh garam
- ½ sudu teh lada hitam

ARAHAN:
a) Sapukan coklat cincang ke bahagian bawah kuali 9x13 inci yang telah digris. Taburkan sosej dan keju yang telah dimasak di atasnya.
b) Dalam mangkuk, satukan telur, susu, mustard kering, garam dan lada sulah. Tuangkan adunan telur secara rata ke atas sosej dan kentang goreng. Tutup dan sejukkan 2 jam atau semalaman.
c) Keluarkan dari peti sejuk 20 minit sebelum dibakar dan panaskan ketuhar hingga 350 darjah. Tutup dan bakar 30 minit. Buka tutup dan bakar 5–8 minit lagi, atau sehingga bahagian tengah ditetapkan.

6. Telur Barat Daya

BAHAN-BAHAN:
- 12 biji telur
- ½ cawan susu
- 2 tin (4 auns setiap satu) cili hijau dicincang
- ½ cawan lada benggala merah yang dicincang
- 1 cawan keju cheddar parut
- 1 cawan parut keju Monterey Jack

ARAHAN:
a) Panaskan ketuhar hingga 350 darjah.
b) Dalam mangkuk, pukul telur dan susu. Mengetepikan.
c) Dalam kuali 9x13 inci yang telah digris, lapisan cili, lada benggala dan keju. Tuang adunan telur ke atas.
d) Tutup dan bakar 30–40 minit, atau sehingga telur diletakkan di tengah.

7.Buah ceri Oatmeal Kaserol

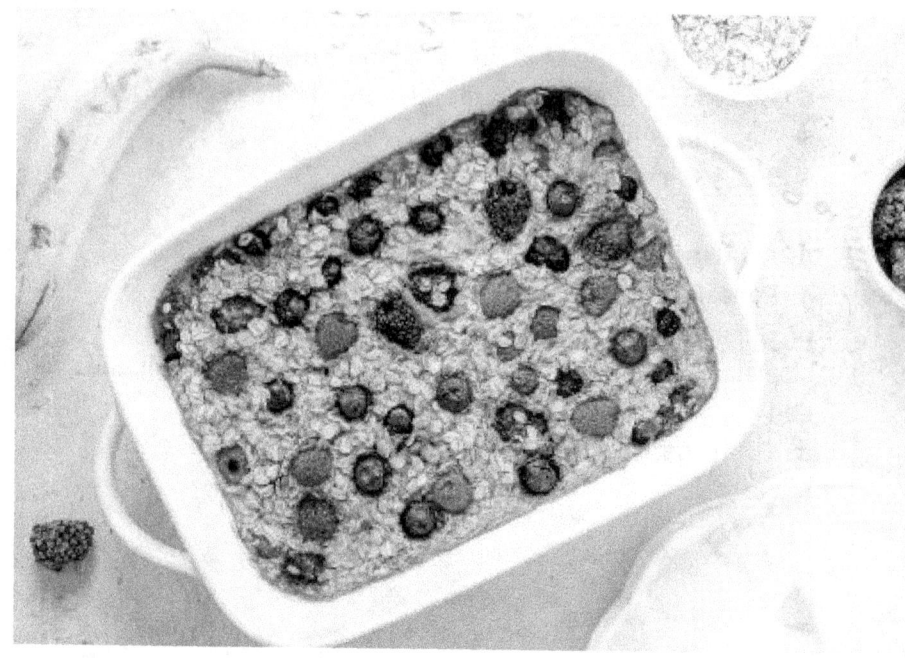

BAHAN-BAHAN:
- 2 cawan oat gulung kering
- ½ cawan ditambah 2 sudu besar. gula perang ringan
- 1 sudu kecil serbuk penaik
- 1 sudu teh kayu manis tanah
- ½ sudu teh garam
- ½ cawan ceri kering
- ½ cawan beri biru beku segar atau dicairkan
- ¼ cawan badam panggang
- 1 cawan susu penuh
- 1 cawan separuh dan separuh krim
- 1 biji telur
- 2 sudu besar. mentega tanpa garam cair
- 1 sudu teh ekstrak vanila

ARAHAN:
a) Panaskan ketuhar hingga 375°. Sembur loyang bersaiz 8" persegi dengan semburan masak tidak melekat.
b) Dalam mangkuk adunan, masukkan oat, ½ cawan gula perang, serbuk penaik, kayu manis, garam, ceri, ¼ cawan beri biru dan ⅛ cawan badam. Kacau hingga sebati dan ratakan dalam loyang.
c) Taburkan ¼ cawan beri biru dan ⅛ cawan badam di atas.
d) Dalam mangkuk adunan, masukkan susu, separuh dan separuh krim, telur, mentega dan ekstrak vanila. Pukul sehingga sebati dan tuangkan ke atas kaserol. Jangan kacau. Taburkan 2 sudu besar gula perang di atas.
e) Bakar selama 30 minit atau sehingga kaserol ditetapkan dan oatmeal lembut. Keluarkan dari ketuhar dan biarkan kaserol berehat selama 5 minit sebelum dihidangkan.

8. Sarapan tengah hari telur dadar

BAHAN-BAHAN:
- 18 biji telur
- 1 cawan krim masam
- 1 cawan susu
- 1 sudu teh garam
- ¼ cawan bawang hijau dicincang
- 1 cawan keju cheddar parut

ARAHAN:
a) Panaskan ketuhar hingga 325 darjah.
b) Dalam mangkuk besar, pukul telur, krim masam, susu dan garam. Lipat bawang hijau. Tuang adunan ke dalam loyang 9x13 inci yang telah digris. Bakar 45-55 minit, atau sehingga telur ditetapkan.
c) Segera taburkan keju di atasnya dan potong empat segi sebelum dihidangkan.

9.Bulan Sabit, Hash Coklat dan Bakar Sosej

BAHAN-BAHAN:
- 8 auns doh gulung bulan sabit tiub yang disejukkan
- 10.4 auns pautan sosej, perang, toskan dan dihiris
- 1 cawan coklat cincang beku yang dicincang
- 1 ½ cawan keju cheddar parut
- 5 biji telur
- ⅓ cawan susu
- garam dan lada sulah, secukup rasa

ARAHAN:
a) Panaskan ketuhar hingga 375 darjah.
b) Buka gulungan bulan sabit dan tekan doh di atas bahagian bawah dan atas sisi loyang pizza bulat 12 inci.
c) Taburkan sosej, kentang goreng dan keju di atas doh.
d) Dalam mangkuk, pukul telur, susu, garam, dan lada sulah dengan garpu. Tuang adunan telur ke atas doh.
e) Bakar 30 minit.
f) Hidangkan baji dengan salsa segar.

10.Kismis Roti BakarKaserol

BAHAN-BAHAN:
- 1 roti (24 auns) roti kismis kayu manis, dipotong dadu
- 6 biji telur, dipukul sedikit
- 3 cawan susu
- 2 sudu teh vanila
- gula serbuk

ARAHAN:
a) Letakkan kiub roti ke dalam loyang 9x13 inci yang telah digris.

b) Dalam mangkuk, pukul telur, susu dan vanila. Tuang adunan telur secara rata ke atas roti. Tutup dan sejukkan 2 jam atau semalaman.

c) Keluarkan dari peti sejuk 20 minit sebelum dibakar dan panaskan ketuhar hingga 350 darjah.

d) Bakar, tanpa penutup, 45–50 minit, atau sehingga perang keemasan.

e) Taburkan gula tepung di atasnya. Hidangkan bersama sirap maple.

11. Bayam Telur dadar

BAHAN-BAHAN:
- 4 biji telur
- 1 ½ cawan susu
- ½ sudu teh garam
- 1 bungkusan (10 auns) bayam beku, dicairkan dan toskan
- ¾ cawan cheddar parut atau keju Swiss

ARAHAN:
a) Panaskan ketuhar hingga 400 darjah.
b) Dalam mangkuk, pukul telur, susu, dan garam bersama-sama. Tuang adunan ke dalam loyang 8x8 inci yang telah digris. Sapukan bayam ke atas adunan telur. Bakar 17-22 minit, atau sehingga telur telah ditetapkan. Taburkan keju di atasnya.

12.Kaserol Sosej Swiss

BAHAN-BAHAN:
- 10 keping roti putih, potong dadu
- 1 paun sosej pedas, perang dan toskan
- 4-auns cendawan dihiris tin, toskan
- ¾ cawan keju cheddar parut
- 1 ½ cawan keju Swiss parut
- 8 biji telur, dipukul
- 2 cawan separuh setengah
- 2 cawan susu
- 1 sudu teh garam
- 1 sudu kecil lada hitam

ARAHAN:

a) Letakkan kiub roti dalam loyang 9x13 inci yang telah digris. Hancurkan sosej yang telah dimasak di atas roti. Letakkan cendawan secara rata di atas sosej dan taburkan keju di atasnya.

b) Dalam mangkuk besar, campurkan telur, setengah setengah, susu, garam, dan lada sulah. Tuang adunan telur rata ke atas keju. Tutup dan sejukkan 2 jam atau semalaman.

c) Keluarkan dari peti sejuk 20 minit sebelum dibakar dan panaskan ketuhar hingga 350 darjah. Tutup dan bakar 30 minit. Buka tutup dan bakar 15–20 minit lagi.

13. Kaserol Gulung Kismis Kayu Manis

BAHAN-BAHAN:
- 2 tin gulung kayu manis yang disejukkan, saiz 12 auns
- ¼ cawan gula perang ringan
- 1 cawan kismis
- 4 biji telur
- ½ cawan krim berat
- 2 sudu besar. sirap maple
- 2 ½ sudu teh ekstrak vanila
- 1 sudu teh kayu manis tanah
- 4 auns krim keju, dilembutkan
- 1 cawan gula tepung
- 4 sudu besar. mentega tanpa garam, dilembutkan

ARAHAN:
a) Panaskan ketuhar hingga 350°. Sembur kuali pai hidangan dalam 10" dengan semburan masak tidak melekat. Keluarkan gulungan kayu manis dari tin.
b) Letakkan separuh gulungan kayu manis dalam kuali pai. Taburkan 2 sudu besar gula perang dan ½ cawan kismis ke atas gulungan kayu manis.
c) Dalam mangkuk adunan, masukkan telur, krim kental, sirap maple, 2 sudu teh ekstrak vanila dan kayu manis. Pukul sehingga sebati dan tuangkan atas gulungan kayu manis dalam kuali pai. Letakkan baki gulungan kayu manis di atas. Taburkan baki gula perang dan ½ cawan kismis di atasnya.
d) Bakar selama 30 minit atau sehingga kaserol ditetapkan dan kayu manis bergulung perang keemasan.
e) Keluarkan dari ketuhar. Dalam mangkuk adunan, masukkan keju krim, gula tepung, mentega dan ½ sudu teh ekstrak vanila.
f) Pukul hingga sebati dan sebati. Sapukan atas gulung dan hidangkan.

14. Epal Fritter Croissant Bakar

BAHAN-BAHAN:
- 6 sudu besar. mentega tanpa garam
- ½ cawan gula perang ringan
- 3 biji epal Granny Smith, dihiris & dipotong dadu
- 3 biji epal Fuji, dibuang biji & dipotong dadu
- ½ cawan ditambah 1 sudu besar. mentega epal
- 1 sudu teh tepung jagung
- 6 croissant besar, potong dadu
- ½ cawan krim berat
- 3 biji telur dipukul
- 1 sudu teh ekstrak vanila
- ¼ sudu teh rempah pai epal
- ½ cawan gula tepung

ARAHAN:
a) Panaskan ketuhar hingga 375°. Sembur loyang 9 x 13 dengan semburan masak tidak melekat. Dalam kuali besar di atas api sederhana, masukkan mentega. Apabila mentega cair, masukkan gula merah. Kacau sehingga gula perang larut.

b) Masukkan epal ke dalam kuali. Kacau hingga sebati. Masak selama 6 minit atau sehingga epal lembut. Masukkan 1 sudu besar mentega epal dan tepung jagung ke dalam kuali. Kacau hingga sebati. Keluarkan kuali dari api.

c) Sapukan kiub croissant dalam loyang. Sudukan epal di atas. Dalam mangkuk adunan, masukkan krim kental, telur, ekstrak vanila, rempah pai epal dan ½ cawan mentega epal. Pukul sehingga sebati dan tuangkan ke atas kaserol.

d) Pastikan kiub croissant disalut dengan cecair.

e) Bakar selama 25 minit atau sehingga kaserol diletakkan di tengah.

f) Keluarkan dari ketuhar dan taburkan gula tepung di atas. Hidangkan hangat.

15. Blueberry Roti BakarBakar

BAHAN-BAHAN:
- 12 keping roti Perancis berusia sehari, tebal 1".
- 5 biji telur yang dipukul
- 2 ½ cawan susu penuh
- 1 cawan gula perang ringan
- 1 sudu teh ekstrak vanila
- ½ sudu teh pala tanah
- 1 cawan pecan cincang
- ¼ cawan mentega tanpa garam cair
- 2 cawan beri biru segar atau beku

ARAHAN:
a) Sembur loyang 9 x 13 dengan semburan masak tidak melekat. Letakkan kepingan roti dalam loyang. Dalam mangkuk adunan, masukkan telur, susu, ¾ cawan gula perang, ekstrak vanila dan buah pala.
b) Pukul hingga sebati dan tuangkan ke atas roti. Tutup kuali dengan bungkus plastik. Sejukkan sekurang-kurangnya 8 jam tetapi tidak lebih daripada 10 jam. Keluarkan kuali dari peti sejuk dan keluarkan bungkus plastik dari kuali.
c) Biarkan kaserol berada pada suhu bilik selama 30 minit. Panaskan ketuhar hingga 400°. Taburkan pecan di atas kaserol. Dalam mangkuk kecil, masukkan ¼ cawan gula perang dan mentega. Kacau sehingga sebati dan taburkan di atas kaserol.
d) Bakar selama 25 minit. Taburkan blueberry di atas kaserol.
e) Bakar selama 10 minit atau sehingga pisau yang dimasukkan di tengah kaserol keluar bersih. Keluarkan dari ketuhar dan hidangkan.

16. Kaserol Toast Perancis Asas

BAHAN-BAHAN:
- 1 cawan gula perang ringan
- ½ cawan mentega tanpa garam
- 2 cawan sirap jagung ringan
- 16 auns roti Perancis, dihiris
- 5 biji telur yang dipukul
- 1 ½ cawan susu penuh
- Gula serbuk secukup rasa

ARAHAN:
a) Sembur sedikit loyang 9 x 13 dengan semburan masak tidak melekat. Dalam kuali dengan api perlahan, masukkan gula perang, mentega dan sirap jagung.

b) Kacau sehingga sebati dan masak sehingga semua bahan cair. Keluarkan kuali dari api dan tuangkan ke dalam loyang.

c) Letakkan kepingan roti Perancis di atas sirap. Anda tidak boleh menggunakan semua kepingan roti. Potong kepingan roti supaya muat jika perlu. Dalam mangkuk adunan, masukkan telur dan susu. Pukul hingga sebati dan tuangkan ke atas kepingan roti. Tutup kuali dengan bungkus plastik. Sejukkan sekurang-kurangnya 8 jam tetapi tidak lebih daripada 12 jam.

d) Keluarkan kuali dari peti sejuk. Tanggalkan bungkus plastik dan biarkan kaserol selama 30 minit pada suhu bilik. Panaskan ketuhar hingga 350°.

e) Bakar selama 20-30 minit atau sehingga kaserol ditetapkan dan berwarna perang keemasan.

f) Keluarkan dari ketuhar dan taburkan gula tepung secukup rasa di atas.

KASEROL AYAM

17. Kaserol Ayam Brokoli

BAHAN-BAHAN:
- 2 cawan ayam masak cincang
- 1 tin (10.75 auns) krim sup cendawan, pekat
- ¼ cawan susu
- ¾ cawan parut keju Monterey Jack
- 1 bungkusan (10 auns) brokoli beku, dicairkan
- ½ cawan bawang hijau, dihiris
- ½ sudu teh lada hitam

ARAHAN:
a) Panaskan ketuhar hingga 350 darjah.
b) Dalam mangkuk besar, campurkan semua bahan bersama. Sapukan adunan ke dalam loyang 9x13 inci yang telah digris.
c) Bakar 35–40 minit, atau sehingga berbuih.

18. Ayam gajus

BAHAN-BAHAN:
- 1 paket (6.2 auns) nasi goreng, dengan paket perasa
- 2 cawan air
- 2 ketul dada ayam tanpa tulang tanpa kulit, dimasak dan dipotong dadu
- ½ cawan hirisan saderi
- 4-auns tin air berangan, toskan
- ⅔ cawan gajus

ARAHAN:
a) Panaskan ketuhar hingga 350 darjah.
b) Dalam mangkuk, satukan nasi, paket perasa, dan air.
c) Lapiskan ayam, bancuhan nasi, saderi dan buah berangan air dalam kuali 9x9 inci yang telah digris. Tutup dan bakar 30–40 minit, atau sehingga nasi masak.
d) Taburkan dengan gajus.

19. Ayam Keju

BAHAN-BAHAN:
- 4 hingga 6 dada ayam tanpa tulang dan tanpa kulit
- 1 karton (16 auns) krim masam
- 1 tin (10.75 auns) krim sup saderi, pekat
- 1 tin (10.75 auns) krim sup ayam, pekat
- 1 ¼ cawan air
- 2 cawan nasi putih yang belum dimasak
- 1 cawan keju cheddar parut

ARAHAN:
a) Panaskan ketuhar hingga 325 darjah.
b) Letakkan ayam dalam kuali 9x13 inci yang telah digris.
c) Dalam mangkuk, satukan krim masam, sup, air, dan nasi yang belum dimasak. Tuang atas ayam. Tutup dan bakar 1 jam.
d) Taburkan dengan keju segera sebelum dihidangkan.

20. Enchilada Cip Tortilla

BAHAN-BAHAN:
- 2 cawan ayam masak cincang
- 2 tin (10.75 auns setiap satu) krim sup ayam, pekat
- 1 cawan krim masam
- ¼ cawan bawang cincang
- 1 beg (12 auns) cip tortilla, dihancurkan dalam beg
- 1 cawan parut keju Monterey Jack
- ½ cawan salsa

ARAHAN:

a) Panaskan ketuhar hingga 350 darjah.

b) Dalam mangkuk besar satukan ayam, sup, krim masam, dan bawang.

c) Dalam kuali 9x13 inci yang telah digris, lapiskan separuh kerepek dan separuh adunan sup. Ulangi lapisan.

d) Teratas dengan keju dan bakar 30 minit. Hidangkan dengan salsa.

21. Kaserol Ayam Roti Jagung

BAHAN-BAHAN:
- 4 cawan mee telur belum masak
- 3 cawan ayam masak cincang
- 2 tin (10.75 auns setiap satu) krim sup saderi, pekat
- 1 tin (15 auns) jagung ala krim
- 2 cawan keju cheddar parut
- 1 paket campuran roti jagung (saiz kuali 8x8 inci)

ARAHAN:

a) Panaskan ketuhar hingga 350 darjah.

b) Rebus mee 5–7 minit, atau sehingga masak. Toskan dan gaul dengan ayam, sup, jagung, dan keju. Tuang adunan mee ke dalam loyang 9x13 inci yang telah digris.

c) Dalam mangkuk, satukan adunan roti jagung dengan bahan-bahan yang disenaraikan pada bungkusan. Sudukan adunan roti jagung di atas adunan mee.

d) Bakar 25–30 minit, atau sehingga bahagian atas roti jagung berwarna perang keemasan.

22. Enchilada Ayam Mesra Keluarga

BAHAN-BAHAN:
- 3 cawan ayam masak dan cincang
- 2 tin (10.75 auns setiap satu) krim sup ayam, pekat
- 1 cawan krim masam
- 4-auns tin cili hijau dipotong dadu, toskan
- ¼ cawan bawang cincang kering
- 2 ½ cawan keju cheddar parut, dibahagikan
- 10 tortilla tepung sederhana
- ⅓ cawan susu

ARAHAN:

a) Panaskan ketuhar hingga 350 darjah.

b) Satukan ayam, 1 tin sup, krim masam, cili, bawang, dan 1 ½ cawan keju. Isi tortilla dengan ⅓ hingga ½ cawan campuran ayam.

c) Gulungkan tortilla yang telah diisi dan letakkan jahitan sebelah bawah dalam kuali 9x13 inci yang telah digris.

d) Satukan baki sup dengan susu dan sapukan pada gulungan tortilla. Taburkan baki keju di atasnya.

e) Tutup dan bakar 25 minit. Buka tutup dan bakar 5–10 minit lagi, atau sehingga dipanaskan.

23. Kaserol Ayam Fiesta

BAHAN-BAHAN:
- 2 cawan pasta kulit kecil yang belum dimasak
- 2 cawan ayam masak cincang
- 1 balang (16 auns) salsa sederhana
- Buah Zaitun Segenggam
- 2 cawan parut keju campuran Mexico

ARAHAN:
a) Panaskan ketuhar hingga 350 darjah.
b) Masak pasta mengikut arahan pakej dan toskan.
c) Satukan semua bahan dalam loyang 9x13 inci yang telah digris.
d) Tutup dan bakar 20–25 minit, atau sehingga dipanaskan.
e) Teratas dengan buah zaitun.

24. Kaserol Ayam Lemony Manis

BAHAN-BAHAN:
- 6 dada ayam tanpa tulang dan tanpa kulit
- 2 sudu besar mentega atau marjerin, cair
- ⅓ cawan tepung
- ⅓ cawan madu
- ¼ cawan jus lemon
- 1 sudu besar kicap

ARAHAN:

a) Panaskan ketuhar hingga 350 darjah.

b) Celupkan ayam dalam mentega dan kemudian dalam tepung. Letakkan dalam loyang 9x13 inci yang telah digris.

c) Satukan madu, jus lemon, dan kicap. Tuangkan sos ke atas ayam.

d) Tutup dan bakar 40 minit, atau sehingga ayam masak.

25. Kaserol Ayam Mangga

BAHAN-BAHAN:
- 1 cawan nasi putih yang belum dimasak
- 2 cawan air
- 4 dada ayam tanpa tulang dan tanpa kulit
- 1 balang (12 auns) salsa mangga

ARAHAN:
a) Panaskan ketuhar hingga 350 darjah.
b) Dalam kuali 9x13 inci yang telah digris, satukan beras dan air. Letakkan ayam di atas nasi dan tuangkan salsa mangga di atasnya.
c) Tutup dan bakar 1 jam.

26.Kaserol Biji Popi

BAHAN-BAHAN:
- 1 ½ paun ayam belanda tanah
- 1 lada benggala hijau atau merah, dicincang
- 3 tin (8 auns setiap satu) sos tomato
- ½ sudu teh garam
- ½ sudu teh lada hitam
- 1 pakej (8 auns) krim keju, dikisar
- ½ cawan krim masam
- 1 cawan keju kotej
- 1 sudu besar biji popia
- 1 beg (12–18 auns) mi kerinting, masak dan toskan
- 1 sudu teh perasa Itali
- ½ cawan keju Parmesan parut

ARAHAN:
a) Panaskan ketuhar hingga 350 darjah.
b) Ayam belanda perang dan lada benggala bersama sehingga ayam belanda siap. Toskan cecair. Masukkan sos tomato, garam dan lada sulah dan renehkan dengan api perlahan.
c) Dalam mangkuk, satukan keju krim, krim masam, keju kotej, dan biji popi, dan kemudian campurkan dengan mi panas yang telah dikeringkan. Letakkan campuran mi ke dalam bahagian bawah kuali 9x13 inci yang telah digris dan atasnya dengan campuran ayam belanda. Tutup dan bakar 30 minit.
d) Buka tutup dan bakar 10 minit lagi.
e) Taburkan perasa Itali dan Parmesan di atasnya.

27. Kaserol Ayam Nanas

BAHAN-BAHAN:
- 2 cawan ayam masak potong dadu
- 1 tin (8 auns) nanas dihancurkan, dengan cecair
- 1 cawan saderi cincang
- 1 cawan nasi putih masak
- 1 tin (10.75 auns) krim sup cendawan, pekat
- 1 cawan mayonis
- 1 tin (6 auns) buah berangan air yang dihiris, toskan
- 2 cawan serbuk roti
- 1 sudu besar mentega atau marjerin, cair

ARAHAN:
a) Panaskan ketuhar hingga 350 darjah.
b) Dalam mangkuk besar, satukan semua bahan kecuali serbuk roti dan mentega.
c) Pindahkan adunan ke dalam loyang 9x13 inci yang telah digris.
d) Satukan serbuk roti dan mentega; taburkan di atas adunan ayam.
e) Bakar 30–45 minit.

28. Gulung Ayam Barat Daya

BAHAN-BAHAN:
- 1 cawan keropok keju ditumbuk halus
- 1 sampul surat perasa taco
- 4 hingga 6 dada ayam tanpa tulang dan tanpa kulit
- 4 hingga 6 keping keju Monterey Jack
- 4-auns boleh cincang cili hijau

ARAHAN:
a) Panaskan ketuhar hingga 350 darjah.
b) Di atas pinggan, satukan keropok dan perasa taco. Ratakan ayam dengan pelembut daging dan letakkan 1 hirisan keju dan kira-kira 1 sudu besar cili pada setiap ketul ayam. Gulung ayam dan selamatkan dengan pencungkil gigi.
c) Taburkan ayam dengan adunan keropok dan masukkan ke dalam loyang 9x13 inci yang telah digris.
d) Bakar, tanpa penutup, 35–40 minit, atau sehingga ayam masak.
e) Ingat untuk mengeluarkan pencungkil gigi sebelum dihidangkan.

29. Ayam Swiss

BAHAN-BAHAN:
- 4 hingga 6 dada ayam tanpa tulang dan tanpa kulit
- 4 hingga 6 keping keju Swiss
- 1 tin (10.75 auns) krim sup cendawan, pekat
- ¼ cawan susu
- 1 kotak (6 auns) campuran pemadat berperisa
- ¼ cawan mentega atau marjerin, cair

ARAHAN:

a) Panaskan ketuhar hingga 350 darjah.

b) Letakkan ayam di bahagian bawah kuali 9x13 inci yang telah digris. Letakkan hirisan keju di atas ayam.

c) Dalam mangkuk, campurkan sup dan susu. Sudukan adunan sup ke atas ayam.

d) Taburkan adunan pemadat kering di atas lapisan sup dan taburkan mentega di atasnya.

e) Tutup dan bakar 55–65 minit, atau sehingga ayam masak.

30. Turki Dan Kentang Bakar

BAHAN-BAHAN:
- 2 cawan ayam belanda masak kiub
- 2 biji kentang sederhana, dikupas dan dihiris nipis
- 1 bawang sederhana, dihiris
- garam dan lada sulah, secukup rasa
- 1 tin (10.75 auns) krim sup saderi, pekat
- ½ cawan susu skim

ARAHAN:
a) Panaskan ketuhar hingga 350 darjah.

b) Dalam kuali 8x8 inci yang telah digris, lapisan ayam belanda, kentang dan bawang. Taburkan dengan garam dan lada sulah.

c) Dalam mangkuk, satukan sup dan susu. Tuangkan ke atas ayam belanda. Tutup dan bakar 1 jam.

31. Ayam Teriyaki

BAHAN-BAHAN:
- 2 dada ayam tanpa tulang, tanpa kulit, dipotong dadu
- 1 tin (15 auns) sup ayam
- 2 sudu besar gula merah
- 2 sudu besar kicap
- ½ sudu teh halia kisar
- ½ sudu teh sos Worcestershire
- 1 cawan nasi putih yang belum dimasak
- 1 tin (8 auns) ketulan nanas, toskan

ARAHAN:
a) Panaskan ketuhar hingga 350 darjah.
b) Satukan semua bahan dalam mangkuk besar.
c) Pindahkan adunan ke dalam loyang 9x13 inci yang telah digris.
d) Tutup dan bakar 1 jam, atau sehingga nasi masak.

32. Nasi Liar Dan Ayam

BAHAN-BAHAN:
- 6.2 auns bijirin panjang dan beras liar, dengan perasa
- 1 ½ cawan air
- 4 dada ayam tanpa tulang dan tanpa kulit
- ½ sudu teh selasih kering
- ½ sudu teh serbuk bawang putih

ARAHAN:
a) Panaskan ketuhar hingga 375 darjah.
b) Dalam mangkuk, satukan nasi, paket perasa, dan air.
c) Tuang adunan ke dalam loyang 9x13 inci yang telah digris.
d) Letakkan ayam di atas adunan nasi dan taburkan dengan serbuk basil dan bawang putih.
e) Tutup dan bakar 1 jam.

33. Kaserol Ayam Basil

BAHAN-BAHAN:
- 3 sudu besar mentega atau marjerin, cair
- 3 cawan kentang, dikupas dan dihiris nipis
- 1 paket (16 auns) jagung beku
- 2 sudu teh garam, dibahagikan
- 2 sudu teh selasih, dibahagikan
- 1 cawan serbuk keropok graham
- ⅓ cawan mentega atau marjerin, cair
- 4 hingga 6 dada ayam tanpa tulang dan tanpa kulit

ARAHAN:

a) Panaskan ketuhar hingga 375 darjah.

b) Tuangkan 3 sudu besar mentega cair di bahagian bawah kuali 9x13 inci. Satukan kentang dan jagung dalam kuali, dan kemudian taburkan dengan 1 sudu teh garam dan 1 sudu teh selasih.

c) Dalam mangkuk kecil, gabungkan serbuk keropok dan baki garam dan selasih. Pindahkan adunan ke dalam pinggan. Celupkan ayam dalam ⅓ cawan mentega cair kemudian gulung dalam adunan serbuk, salutkan sepenuhnya. Letakkan ayam di atas sayur-sayuran.

d) Tutup dan bakar 60–75 minit, atau sehingga ayam masak dan sayur-sayuran empuk.

e) Keluarkan dari ketuhar, buka tutupnya, dan bakar 10 minit lagi hingga ayam perang.

34. Selepas Kesyukuran Kaserol

BAHAN-BAHAN:
- 1 kotak (6 auns) campuran pemadat berperisa
- 3 cawan ayam belanda masak cincang
- 2 cawan kuah ayam belanda, dibahagikan
- 2 cawan kentang tumbuk, perasakan dengan bawang putih

ARAHAN:

a) Panaskan ketuhar hingga 350 darjah.

b) Sediakan pemadat mengikut arahan pakej. Sudu sumbat dalam loyang 2 liter yang telah digris. Letakkan ayam belanda di atas pemadat. Tuangkan 1 cawan kuah ke atas ayam belanda. Sapukan kentang tumbuk rata di atas. Tutup dengan baki kuah.

c) Tutup dan bakar 35–45 minit, atau sehingga berbuih.

35.Kaserol Tortilla Turki

BAHAN-BAHAN:
- 3 cawan ayam belanda masak cincang
- 4-auns boleh cincang cili hijau
- ¾ cawan air rebusan ayam
- 2 tin (10.75 auns setiap satu) krim sup ayam, pekat
- 1 bawang sederhana, dicincang
- 8 hingga 10 tortilla tepung gaya gordita sederhana
- 2 cawan parut keju Monterey Jack

ARAHAN:
a) Panaskan ketuhar hingga 350 darjah.
b) Dalam mangkuk besar, satukan ayam belanda, cili, sup, sup dan bawang. Tutup bahagian bawah kuali 9x13 inci yang telah digris dengan separuh tortilla. Sapukan separuh adunan ayam belanda ke atas lapisan tortilla. Taburkan separuh keju di atasnya. Ulangi lapisan.
c) Bakar 25–30 minit, atau sehingga berbuih dan dipanaskan.

36.Turketti

BAHAN-BAHAN:
- 1 tin (10.75 auns) krim sup cendawan, pekat
- ½ cawan air
- 2 cawan ayam belanda masak kiub
- 1 ⅓ cawan spageti, pecah, masak dan toskan
- ⅓ cawan lada benggala hijau yang dicincang
- ½ cawan bawang cincang
- ½ sudu teh garam
- ¼ sudu teh lada hitam
- 2 cawan keju cheddar parut, dibahagikan

ARAHAN:
a) Panaskan ketuhar hingga 350 darjah.
b) Dalam mangkuk besar, satukan sup dan air. Kacau dalam baki bahan kecuali 1 cawan keju. Sapukan adunan dalam loyang 9x13 inci yang telah digris.
c) Taburkan baki keju di atasnya. Bakar 45 minit.

37.Isi Dan Kaserol Turki

BAHAN-BAHAN:
- 2 tin (10.75 auns setiap satu) krim sup saderi, pekat
- 1 cawan susu
- ½ sudu teh lada hitam
- 1 beg (16 auns) sayur campur beku, dicairkan dan toskan
- 2 ½ cawan ayam belanda masak kiub
- 1 kotak (6 auns) campuran pemadat berperisa
- Panaskan ketuhar hingga 400 darjah.

ARAHAN:
a) Campurkan bersama sup, susu, lada, sayur-sayuran, dan ayam belanda. Sapukan adunan ayam belanda ke dalam loyang 9x13 inci yang telah digris.

b) Sediakan pemadat mengikut arahan pakej. Sudu sumbat rata ke atas ayam belanda.

c) Bakar 25 minit, atau sehingga dipanaskan.

38. Divan Turki

BAHAN-BAHAN:
- 2 cawan ayam belanda masak dadu
- 1 bungkusan (10 auns) tombak brokoli beku, dimasak
- 1 tin (10.75 auns) krim sup ayam, pekat
- ½ cawan mayonis
- ½ sudu teh jus lemon
- ¼ sudu teh serbuk kari
- ½ cawan parut keju cheddar tajam

ARAHAN:
a) Panaskan ketuhar hingga 350 darjah.
b) Lapis ayam belanda dan brokoli dalam kuali 9x13 inci yang telah digris.
c) Dalam mangkuk, satukan sup, mayonis, jus lemon, dan serbuk kari.
d) Tuangkan ke atas ayam belanda dan taburkan dengan keju. Tutup dan bakar 40 minit.

CASEROLES MAMPU SAYURAN

39. Kaserol Asparagus

BAHAN-BAHAN:
- 1 cawan keju cheddar parut
- 2 cawan keropok masin yang dihancurkan
- ¼ cawan mentega atau marjerin, cair
- 10.75 auns tin krim sup cendawan, pekat
- 15 auns tin lembing asparagus, disalirkan dengan cecair yang dikhaskan
- ½ cawan hirisan badam

ARAHAN:

a) Panaskan ketuhar hingga 350 darjah.

b) Dalam mangkuk, satukan keju dan serbuk keropok. Mengetepikan.

c) Dalam mangkuk yang berasingan, campurkan mentega, sup, dan cecair dari tin asparagus. Lapiskan separuh adunan keropok ke dalam bahagian bawah kuali 8x8 inci. Susun separuh batang asparagus di atas.

d) Lapiskan separuh badam yang dihiris dan separuh campuran sup di atas asparagus.

e) Lapiskan baki tombak asparagus, badam, dan campuran sup di atas. Tutup dengan baki adunan keropok.

f) Bakar 20–25 minit, atau sehingga berbuih dan perang keemasan.

40. Kaserol Sayur Ketulan

BAHAN-BAHAN:
- 2 cawan air
- 1 cawan nasi putih yang belum dimasak
- 1 beg (16 auns) kuntum brokoli beku
- 1 beg (16 auns) kuntum bunga kobis beku
- ⅓ cawan air
- 1 bawang sederhana, dicincang
- ⅓ cawan mentega atau marjerin
- 1 balang (16 auns) Cheez Whiz
- 1 tin (10.75 auns) krim sup ayam, pekat
- ⅔ cawan susu

ARAHAN:
a) Dalam periuk, masak 2 cawan air dan nasi hingga mendidih. Kurangkan haba. Tutup dan reneh 15 minit, atau sehingga air diserap.
b) Dalam mangkuk, panaskan brokoli dan kembang kol dengan ⅓ cawan air dalam ketuhar gelombang mikro dengan api yang tinggi selama 8 minit, atau sehingga siap. Toskan sayur.
c) Panaskan ketuhar hingga 350 darjah.
d) Dalam kuali, tumis bawang dalam mentega. Kacau nasi yang telah dimasak menjadi bawang. Sapukan bancuhan beras ke dalam loyang 9x13 inci yang telah digris.
e) Kacau sayur-sayuran, sos keju, sup, dan susu ke dalam adunan nasi.
f) Bakar 30–35 minit, atau sehingga berbuih.

41. Kaserol Kentang Mozzarella

BAHAN-BAHAN:
- 4 kentang sederhana, dikupas
- 4 biji tomato Roma, dihiris
- 1 lada benggala hijau besar, dibiji dan dipotong menjadi jalur
- garam dan lada sulah, secukup rasa
- 1 sudu teh perasa Itali
- 2 cawan keju mozzarella parut
- 1 cawan krim masam

ARAHAN:
a) Panaskan ketuhar hingga 400 darjah.
b) Dalam periuk stok, rebus kentang 25-30 minit sehingga separuh masak, kemudian hiris nipis. Lapiskan separuh setiap hirisan kentang, hirisan tomato dan jalur lada benggala dalam kuali 9x9 inci yang telah digris.
c) Perasakan dengan garam dan lada sulah. Taburkan separuh setiap perasa Itali dan keju mozzarella di atas sayur-sayuran. Ulangi lapisan dengan baki kentang, tomato dan lada benggala.
d) Taburkan baki perasa dan keju ke atas sayur-sayuran, kemudian sapukan krim masam di atasnya.
e) Tutup dan bakar 30–40 minit, atau sehingga berbuih.

42. Kaserol Bayam Berkrim

BAHAN-BAHAN:
- 2 bungkusan (10 auns setiap satu) bayam cincang beku
- Campuran sup bawang 1 sampul
- 1 bekas (16 auns) krim masam
- ¾ cawan keju cheddar parut

ARAHAN:
a) Panaskan ketuhar hingga 350 darjah.
b) Masak bayam mengikut arahan pakej dan toskan. Letakkan dalam loyang 1 ½ hingga 2 liter yang telah digris.
c) Masukkan campuran sup bawang dan krim masam.
d) Taburkan keju di atasnya. Bakar 20–25 minit, atau sehingga berbuih.

43.Kaserol Pizza Mexico

BAHAN-BAHAN:
- 1 tiub (13.8 auns) doh kerak pizza yang disejukkan
- 1 tin (16 auns) kacang goreng
- ¾ cawan salsa chunky
- 1 sampul surat perasa taco
- 1 ½ cawan parut keju campuran Mexico
- 1 beg (10 auns) daun salad yang dicincang
- 2 biji tomato Roma, potong dadu
- 1 ½ cawan cip tortilla keju nacho hancur

ARAHAN:
a) Panaskan ketuhar hingga 400 darjah.
b) Tutup bahagian bawah dan bahagian atas bahagian tepi loyang 9x13 inci yang telah digris dengan doh pizza. Bakar 10–12 minit, atau sehingga perang keemasan muda.
c) Dalam periuk, panaskan kacang goreng dan salsa bersama sehingga berbuih. Kacau perasa taco ke dalam adunan kacang yang telah digoreng. Sapukan bancuhan kacang yang telah digoreng ke atas kulit yang dibakar.
d) Taburkan keju di atas kacang dan bakar 5–8 minit, atau sehingga keju cair.
e) Lapiskan salad, tomato dan cip tortilla yang dihancurkan di atasnya dan hidangkan dengan segera.

44. Kaserol Bawang Manis

BAHAN-BAHAN:
- 6 biji bawang besar manis, hiris nipis
- 6 sudu besar mentega atau marjerin, dibahagikan
- tin (10.75 auns) krim sup saderi, pekat
- ⅓ cawan susu
- ½ sudu teh lada hitam
- 2 cawan keju Swiss parut, dibahagikan
- 6 keping roti Perancis, potong setebal 1 inci

ARAHAN:
a) Dalam kuali besar, tumis bawang dalam 4 sudu mentega 11-13 minit, atau sehingga bawang lembut.
b) Dalam mangkuk besar, satukan sup, susu, lada, dan 1 ½ cawan keju.
c) Panaskan ketuhar hingga 350 darjah. Kacau bawang ke dalam campuran sup. Sapukan adunan ke dalam loyang 9x13 inci yang telah digris. Taburkan baki keju di atasnya.
d) Cairkan baki mentega dan sapu pada satu sisi setiap kepingan roti. Letakkan kepingan roti, bahagian mentega ke atas, dalam kuali, jadikan tiga baris.
e) Bakar 24–28 minit. Sejukkan 5-7 minit sebelum dihidangkan.

45.Pai Gembala Sayuran

BAHAN-BAHAN:
- 1 beg (16 auns) beku sayur-sayuran campuran California
- 1 tin (10.75 auns) sup keju cheddar, pekat
- ½ sudu teh thyme
- 2 cawan kentang tumbuk, perasakan dengan bawang putih

ARAHAN:
a) Panaskan ketuhar hingga 350 darjah.

b) Dalam kuali 9x9 inci yang telah digris, gabungkan sayur-sayuran beku, sup dan thyme. Ratakan kentang di atas lapisan sayuran. Tutup dan bakar 25 minit.

c) Buka tutup dan bakar 15–20 minit lagi, atau sehingga dipanaskan.

46. Kaserol Isi Sayur

BAHAN-BAHAN:
- 1 beg (16 auns) kacang hijau beku
- 1 beg (16 auns) sayur campur beku
- 2 tin (10.75 auns) krim sup cendawan, pekat
- 1 tin (6 auns) bawang goreng
- 1 kotak (6 auns) campuran pemadat berperisa
- 3 sudu besar mentega atau marjerin, cair
- ¼ cawan air

ARAHAN:
a) Panaskan ketuhar hingga 350 darjah.
b) Tuangkan sayur beku ke dalam bahagian bawah kuali 9x13 inci yang telah digris.
c) Kacau sup ke dalam sayur-sayuran.
d) Taburkan bawang besar dan gaul rata di atasnya.
e) Tuangkan mentega cair dan air ke atas lapisan pemadat.
f) Tutup dan bakar 55–65 minit, atau sehingga dipanaskan.

47. Zucchini Keju Bakar

BAHAN-BAHAN:
- 1 zucchini sederhana, dihiris nipis
- 1 biji bawang merah, hiris nipis
- 2 biji tomato Roma, dihiris nipis
- 2 sudu besar mentega atau marjerin, cair
- ¾ cawan serbuk roti berperisa Itali
- 1 cawan keju mozzarella parut

ARAHAN:
a) Panaskan ketuhar hingga 350 darjah.
b) Dalam kuali 9x9 inci yang telah digris, lapisan zucchini, bawang dan tomato.
c) Sapukan mentega ke atas sayur-sayuran. Taburkan serbuk roti di atasnya.
d) Tutup dan bakar 45-50 minit, atau sehingga sayur-sayuran lembut. Keluarkan dari ketuhar, buka tutupnya dan taburkan keju di atasnya.
e) Bakar 5–7 minit lagi, atau sehingga keju berbuih.

KELAPA DAN KACANG KACANG

48. Pai Tortilla Kacang Hitam Bersusun

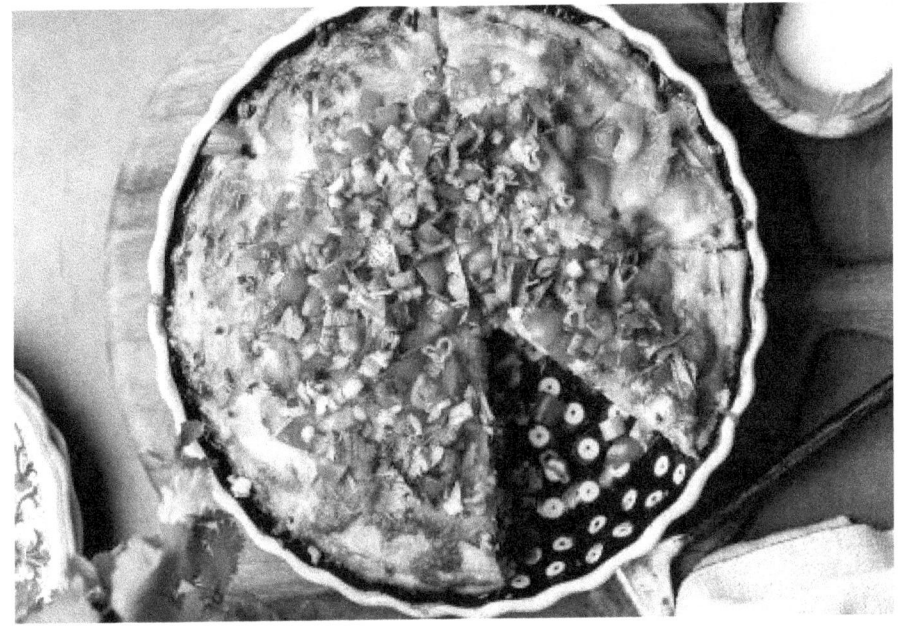

BAHAN-BAHAN:
- 1 tin (16 auns) kacang goreng
- 1 cawan salsa, dibahagikan
- 1 sudu kecil bawang putih dikisar
- 1 sudu besar ketumbar kering
- 1 tin (15 auns) kacang hitam, dibilas dan toskan
- 1 tomato sederhana, dicincang
- 7 tortilla tepung sederhana
- 2 cawan keju cheddar parut

ARAHAN:

a) Panaskan ketuhar hingga 400 darjah.

b) Dalam mangkuk, satukan kacang goreng, ¾ cawan salsa dan bawang putih.

c) Dalam mangkuk yang berasingan, gabungkan baki salsa, ketumbar, kacang hitam dan tomato.

d) Letakkan tortilla di bahagian bawah kuali pai yang telah digris. Sapukan satu perempat daripada campuran kacang yang telah digoreng ke atas tortilla dalam jarak ½ inci dari tepi.

e) Taburkan ¼ cawan keju ke atas kacang dan tutup dengan tortilla lain. Sudukan satu pertiga daripada campuran kacang hitam ke atas tortilla.

f) Taburkan ¼ cawan keju ke atas campuran kacang hitam dan tutup dengan tortilla lain.

g) Ulangi lapisan, diakhiri dengan lapisan akhir campuran kacang goreng yang ditaburkan pada tortilla terakhir. Taburkan dengan ½ cawan keju. Tutup dan bakar 35-40 minit.

h) Hidangkan kepingan pai individu dengan salsa dan krim masam.

49. Kaserol Kacang Hijau

BAHAN-BAHAN:
- 2 tin (14.5 auns setiap satu) kacang hijau potong Perancis, toskan
- 1 tin (10.75 auns) krim sup cendawan, pekat
- ⅔ cawan susu
- ⅓ cawan ketulan bacon sebenar
- ¼ sudu teh lada hitam
- 1 ¼ cawan bawang goreng Perancis, dibahagikan

ARAHAN:
a) Panaskan ketuhar hingga 350 darjah.
b) Satukan semua bahan kecuali bawang dalam loyang 1 ½ hingga 2 liter yang telah digris. Kacau dalam ½ cawan bawang. Bakar, tanpa penutup, 30 minit, atau sehingga berbuih.
c) Taburkan baki bawang di atas dan bakar 5 minit lagi.

50.Kaserol Pencinta Jagung Indiana

BAHAN-BAHAN:
- 2 biji telur, dipukul sedikit
- 1 tin (14.75 auns) jagung ala krim
- 12-auns tin jagung isirong keseluruhan, toskan
- ¾ cawan krim masam
- 3 sudu besar mentega atau marjerin, cair
- 1 ½ cawan keju cheddar parut
- 1 bawang sederhana, dicincang
- 4-auns boleh cincang cili hijau, toskan
- 1 paket (6.5 auns) campuran muffin jagung

ARAHAN:
a) Panaskan ketuhar hingga 350 darjah.

b) Dalam mangkuk besar, satukan telur, jagung, krim masam, mentega, keju, bawang dan cili. Masukkan adunan muffin jagung perlahan-lahan hingga basah. Sapukan adunan ke dalam loyang 2 liter yang telah digris.

c) Bakar 60–70 minit, atau sehingga perang keemasan di atas dan tengah ditetapkan.

51. Kaserol Hominy

BAHAN-BAHAN:
- 1 bawang sederhana, dicincang
- 1 lada benggala hijau besar, dibiji dan dipotong dadu
- ½ cawan mentega atau marjerin
- 15.5-auns tin putih hominy, toskan
- 15.5-auns tin kuning hominy, toskan
- 12-auns tin jagung isirong keseluruhan, toskan
- 4-auns cendawan dihiris tin, toskan
- ¼ cawan keju Parmesan parut
- 1 cawan Cheez Whiz
- ¼ cawan pimiento potong dadu, toskan

ARAHAN:
a) Panaskan ketuhar hingga 350 darjah.
b) Dalam kuali, tumis bawang besar dan lada benggala dalam mentega sehingga lembut. Kacau baki bahan ke dalam campuran bawang. Sapukan ke dalam loyang 8x8 inci yang telah digris.
c) Bakar 30–35 minit, atau sehingga berbuih.

NASI DAN MEE KASEROL

52. Mee Puding Kaserol

BAHAN-BAHAN:
- 16 cawan air
- 7 ½ cawan mi telur lebar kering
- 8 auns krim keju, dilembutkan
- 6 sudu besar. mentega tanpa garam, dilembutkan
- 1 cawan gula pasir
- 3 biji telur
- 1 cawan susu penuh
- 1 cawan nektar aprikot
- 1 cawan serbuk cornflake
- 6 sudu besar. mentega tanpa garam cair
- ½ sudu teh kayu manis tanah

ARAHAN:
a) Dalam periuk sos besar di atas api sederhana, masukkan air. Apabila air mendidih, masukkan mee telur. Masak selama 6 minit atau sehingga mee lembut. Keluarkan kuali dari api dan toskan semua air dari kuali.
b) Dalam mangkuk besar, masukkan keju krim, mentega lembut dan ½ cawan gula pasir. Menggunakan mixer pada kelajuan sederhana, pukul sehingga licin dan berkrim. Masukkan telur ke dalam mangkuk. Gaul hingga sebati.
c) Masukkan susu dan nektar aprikot. Gaulkan sahaja sehingga sebati. Masukkan ke dalam mee dan gaul sehingga mee disalut krim.
d) Panaskan ketuhar hingga 350°. Sembur loyang 9 x 13 dengan semburan masak tidak melekat. Dalam mangkuk kecil, masukkan serbuk cornflake, ½ cawan gula pasir, mentega cair dan kayu manis. Kacau hingga sebati. Sapukan mee dalam loyang.
e) Taburkan cornflakes di atas.
f) Bakar selama 25 minit atau sehingga kaserol diletakkan di tengah, panas dan berbuih. Keluarkan dari ketuhar dan hidangkan.

53. Kaserol Pasta Ikan Kod

BAHAN-BAHAN:
- 14 cawan air
- 1 sudu teh perasa lada lemon
- 1 daun salam
- 2 paun fillet ikan kod, potong 1".
- 1 cawan pasta kulit kecil kering
- 1 lada benggala merah, dicincang
- 1 lada benggala hijau, dicincang
- 1 cawan bawang cincang
- 1 sudu besar. mentega tanpa garam
- 3 sudu besar. tepung serbaguna
- 2 ½ cawan susu sejat
- ¾ sudu teh garam
- ½ sudu teh thyme kering
- ¼ sudu teh lada hitam
- 1 cawan campuran keju Mexico yang dicincang

ARAHAN:

a) Dalam kuali besar di atas api sederhana, masukkan 6 cawan air, perasa lada lemon dan daun bay. Didihkan dan masukkan ikan tongkol. Letakkan penutup pada kuali. Reneh selama 5-6 minit atau sehingga ikan mengelupas dan empuk. Keluarkan dari api dan toskan semua air dari kuali. Keluarkan daun bay dan buang.

b) Dalam kuali sos di atas api sederhana, masukkan 8 cawan air. Apabila air mendidih, kacau dalam pasta kulit. Masak selama 6 minit atau sehingga pasta lembut. Keluarkan dari api dan toskan semua air dari pasta.

c) Dalam kuali sos di atas api sederhana, masukkan lada benggala merah, lada benggala hijau,

d) bawang dan mentega. Tumis selama 5 minit atau sehingga sayur empuk. Masukkan tepung serba guna ke dalam kuali. Kacau sentiasa dan masak selama 1 minit. Sambil kacau sentiasa, masukkan susu sejat perlahan-lahan. Teruskan kacau dan masak selama 2 minit atau sehingga sos pekat.

e) Masukkan garam, thyme, lada hitam dan campuran keju Mexico ke dalam kuali. Kacau sehingga sebati dan keju cair. Keluarkan kuali dari api.

f) Masukkan pasta dan ikan ke dalam sos. Kacau perlahan sehingga sebati. Panaskan ketuhar hingga 350°. Sembur hidangan pembakar 2 liter dengan semburan masak tidak melekat. Sudukan kaserol ke dalam loyang. Tutup pinggan dengan tudung atau kerajang aluminium.

g) Bakar selama 25 minit atau sehingga kaserol panas dan berbuih. Keluarkan dari ketuhar dan hidangkan.

54. Kaserol Mee Turki

BAHAN-BAHAN:
- 1 beg (12 auns) mi telur
- 1 tin (10.75 auns) krim sup saderi, pekat
- ½ cawan susu
- 1 tin (5 auns) ayam belanda, toskan
- 2 cawan keju cheddar parut
- ½ cawan kerepek kentang hancur

ARAHAN:

a) Panaskan ketuhar hingga 400 darjah.

b) Masak mee mengikut arahan pakej dan toskan. Kacau sup, susu, ayam belanda, dan keju ke dalam mi panas.

c) Sapukan bancuhan mi ke dalam loyang 2 liter yang telah digris.

d) Bakar 15 minit. Teratas dengan kerepek kentang hancur dan bakar 3-5 minit lagi.

55. Kaserol Pasta Makanan Laut

BAHAN-BAHAN:
- ¼ cawan minyak zaitun
- 1 paun asparagus segar, dipotong & dipotong menjadi kepingan 1".
- 1 cawan bawang hijau dicincang
- 1 sudu besar. bawang putih kisar
- 16 auns pkg. mee linguine, masak & toskan
- 1 paun udang sederhana, dimasak, dikupas & dibuang
- 8 auns daging ketam, masak
- 8 auns tiruan atau udang galah segar, dimasak
- 8 auns tin zaitun hitam, toskan

ARAHAN:

a) Panaskan ketuhar hingga 350°. Sembur hidangan kaserol 4 liter dengan semburan masak tidak melekat. Dalam kuali dengan api sederhana, masukkan minyak zaitun.

b) Apabila minyak panas, masukkan asparagus, bawang hijau dan bawang putih. Tumis selama 5 minit.

c) Keluarkan kuali dari api dan masukkan sayur-sayuran dan minyak zaitun ke dalam hidangan kaserol.

d) Masukkan mi linguine, ketam, udang galah dan buah zaitun hitam ke dalam hidangan kaserol.

e) Gaul hingga sebati. Bakar selama 30 minit atau sehingga kaserol panas.

f) Keluarkan dari ketuhar dan hidangkan.

56. Nasi Dan Kaserol Chile Hijau

BAHAN-BAHAN:
- 1 kotak (6 auns) bijirin panjang segera dan campuran beras liar
- 1 cawan krim masam
- 4-auns boleh cincang cili hijau, toskan
- 1 cawan keju cheddar parut
- 1 cawan parut keju Monterey Jack

ARAHAN:
a) Sediakan nasi mengikut arahan pakej.
b) Panaskan ketuhar hingga 350 darjah.
c) Dalam mangkuk, campurkan krim masam dan cili hijau. Sapukan separuh nasi yang telah dimasak di bahagian bawah kuali 8x8 inci yang telah digris. Sudukan separuh adunan krim masam ke atas nasi. Taburkan separuh daripada setiap keju di atas.
d) Sudukan baki nasi di atas keju. Sapukan baki campuran krim masam ke atas nasi, kemudian taburkan baki keju di atasnya.
e) Bakar, tanpa penutup, 15–20 minit, atau sehingga berbuih.

57. Kaserol Pasta Ikan Dan Keju

BAHAN-BAHAN:
- 16 auns pasta kerinting, masak dan toskan
- 1 balang (16 auns) sos ragu double-cheddar
- 5 ketul isi ikan goreng beku

ARAHAN:
a) Panaskan ketuhar hingga 375 darjah.
b) Masak pasta mengikut arahan pakej dan toskan. Letakkan pasta ke dalam loyang 9x13 inci yang telah digris. Kacau sos cheddar ke dalam mee. Letakkan ikan di atas.
c) Bakar, tanpa penutup, 30 minit.

58.Rotini Bakar

BAHAN-BAHAN:
- 12 auns rotini kerinting yang belum dimasak atau pasta tiub kecil
- 1 paun daging lembu kisar
- 1 balang (26 auns) sos spageti
- 2 biji telur, dipukul sedikit
- 1 karton (16 auns) keju kotej
- 2 cawan keju mozzarella parut, dibahagikan
- ½ cawan keju Parmesan parut

ARAHAN:
a) Panaskan ketuhar hingga 350 darjah.
b) Masak mee mengikut arahan pakej dan toskan.
c) Dalam kuali, perang dan toskan daging lembu semasa mee masak. Kacau sos spageti ke dalam daging lembu.
d) Dalam mangkuk besar, satukan telur, keju kotej, 1 cawan keju mozzarella dan keju Parmesan. Perlahan-lahan lipat pasta yang dimasak ke dalam adunan keju. Sapukan satu pertiga daripada campuran daging lembu di bahagian bawah kuali 9x13 inci yang telah digris. Letakkan separuh adunan pasta ke atas daging lembu.
e) Lapiskan satu pertiga lagi campuran daging lembu di atas mi. Lapiskan baki mi di atas, diikuti dengan baki campuran daging lembu.
f) Tutup dan bakar 40 minit. Buka tutup dan taburkan baki keju mozzarella di atasnya. Kembali ke ketuhar dan bakar 5–10 minit lagi, atau sehingga keju cair.

59.Kaserol Mee Cheddar Ham

BAHAN-BAHAN:
- 1 beg (12 auns) mi telur
- ¼ cawan lada benggala hijau dipotong dadu
- ½ bawang sederhana
- 1 sudu besar minyak zaitun
- 1 tin (10.75 auns) krim sup cendawan, pekat
- ⅔ cawan susu
- 1 ½ cawan ham yang telah dimasak sepenuhnya
- 2 cawan keju cheddar parut

ARAHAN:
a) Panaskan ketuhar hingga 400 darjah.
b) Masak mee mengikut arahan pakej dan toskan.
c) Dalam kuali, tumis lada benggala dan bawang dalam minyak zaitun sehingga bawang lut sinar. Kacau sup, susu, ham, sayur-sayuran, dan keju ke dalam mi suam.
d) Sapukan bancuhan mi ke dalam loyang 2 liter yang telah digris.
e) Bakar 15 minit, atau sehingga dipanaskan.

60. Bakar Makaroni Itali

BAHAN-BAHAN:
- 8 auns makaroni siku yang belum dimasak
- 1 paun daging lembu kisar, perang dan toskan
- garam dan lada sulah, secukup rasa
- 1 balang (14 auns) sos pizza
- 4-auns boleh dihiris cendawan
- 2 cawan keju mozzarella parut

ARAHAN:

a) Panaskan ketuhar hingga 350 darjah.

b) Masak makaroni mengikut arahan pakej dan toskan.

c) Perasakan daging lembu yang telah dimasak dengan garam dan lada sulah. Letakkan separuh makaroni ke dalam bahagian bawah loyang 2 liter yang telah digris.

d) Lapiskan separuh setiap daging lembu, sos pizza, cendawan, dan keju. Letakkan baki makaroni di atas dan ulangi lapisan.

e) Tutup dan bakar 20 minit.

f) Buka tutup dan bakar 5–10 minit lagi, atau sehingga keju cair.

61. Ravioli Alfredo yang dibakar

BAHAN-BAHAN:
- 1 beg (25 auns) ravioli sosej Itali beku
- 1 beg (16 auns) kuntum brokoli beku
- 1 balang (16 auns) sos Alfredo
- ¾ cawan susu
- ¼ cawan serbuk roti berperisa

ARAHAN:
a) Panaskan ketuhar hingga 350 darjah.
b) Letakkan ravioli beku ke dalam bahagian bawah kuali 9x13 inci yang telah digris. Sapukan brokoli ke atas ravioli. Tuangkan sos Alfredo ke atas brokoli. Siramkan susu rata di atasnya.
c) Tutup dan bakar 50 minit. Buka tutup dan taburkan serbuk roti di atasnya.
d) Bakar, tanpa penutup, 10 minit lagi, atau sehingga dipanaskan.

KASEROL BABI

62. Kaserol Spaghetti Sosej

BAHAN-BAHAN:
- 1 paun sosej
- 1 bawang sederhana, dicincang
- 1 balang (26 auns) sos spageti
- ½ cawan air
- 1 bungkusan (16 auns) mee spageti, masak dan toskan
- ¼ cawan mentega atau marjerin, cair
- 3 biji telur, dipukul
- ½ cawan keju Parmesan parut
- 2 cawan keju mozzarella parut, dibahagikan
- 1 bekas (16 auns) keju kotej

ARAHAN:
a) Panaskan ketuhar hingga 350 darjah.
b) Dalam kuali, sosej perang dan bawang bersama-sama dan toskan lebihan gris. Kacau sos spageti dan air ke dalam adunan sosej. Biarkan sos mendidih dengan api perlahan 5 minit.
c) Dalam mangkuk, satukan spageti yang telah dimasak, mentega, telur, Parmesan dan separuh keju mozzarella. Sapukan bancuhan mee ke dalam loyang 9x13 inci yang telah digris.
d) Sapukan keju kotej secara rata di atas mi.
e) Ratakan adunan sos spageti di atasnya. Taburkan baki keju di atas sos.
f) Tutup dan bakar 25 minit.
g) Buka tutup dan bakar 10–15 minit lagi.

63. Bakar Piza Bacon Kanada

BAHAN-BAHAN:
- 2 tiub (7.5 auns setiap satu) biskut buttermilk yang disejukkan
- 1 balang (14 auns) sos pizza
- 1 cawan parut keju campuran Itali
- 15 hingga 20 keping bacon Kanada
- 1 ½ cawan keju mozzarella parut, dibahagikan

ARAHAN:
a) Panaskan ketuhar hingga 375 darjah.
b) Asingkan biskut dan potong setiap satu kepada 4 bahagian. Letakkan dalam mangkuk besar dan toskan dengan sos pizza dan keju campuran Itali. Masukkan adunan biskut ke dalam loyang 9x13 inci yang telah digris.
c) Letakkan hirisan bacon Kanada sama rata di atasnya.
d) Taburkan keju mozzarella di atasnya.
e) Bakar 20–25 minit, atau sehingga biskut siap.

64.Brokoli Dan Ham Potpie

BAHAN-BAHAN:
- 1 bungkusan (10 auns) brokoli cincang beku, dicairkan
- 1 tin (15 auns) jagung isirong keseluruhan, toskan
- 1 tin (10.75 auns) krim sup cendawan, pekat
- 2 cawan ham yang telah dimasak sepenuhnya
- 1 ½ cawan keju cheddar parut
- ¾ cawan krim masam
- ½ sudu teh lada hitam
- 1 kerak pai yang disejukkan

ARAHAN:
a) Panaskan ketuhar hingga 425 darjah.
b) Sapukan brokoli ke bahagian bawah kuali pai dalam 10 inci yang digris ringan dan boleh digunakan dalam ketuhar gelombang mikro atau hidangan bulat 1 ½ liter.
c) Dalam mangkuk, campurkan jagung, sup, ham, keju, krim masam, dan lada bersama. Sudukan adunan ke atas brokoli. Tutup dengan tuala kertas dan ketuhar gelombang mikro pada api yang tinggi 3–4 ½ minit, atau sehingga panas.
d) Letakkan kerak pai yang tidak dilipat di atas campuran ham dan masukkan tepi di dalam kuali. Potong empat celah 1 inci dalam kerak untuk membolehkan wap keluar semasa membakar. Letakkan kuali di atas loyang.
e) Bakar 15 minit, atau sehingga kerak menjadi coklat keemasan.

65.Kaserol Pizza Gaya Chicago

BAHAN-BAHAN:
- 2 tiub (13.8 auns setiap satu) doh kerak pizza yang disejukkan
- 2 cawan sos spageti tradisional, dibahagikan
- 1 paun sosej, perang dan toskan
- ½ bawang sederhana, dicincang
- 2 cawan keju mozzarella parut, dibahagikan

ARAHAN:
a) Panaskan ketuhar hingga 375 darjah.

b) Sapukan 1 kerak di bahagian bawah dan ke atas bahagian tepi loyang 9x13 inci yang telah digris ringan. Sapukan 1-½ cawan sos ke atas kerak. Sapukan sosej dan bawang yang telah dimasak di atas sos. Taburkan 1-½ cawan keju ke atas lapisan sosej.

c) Letakkan baki kerak pizza di atas dan picit doh dari kerak bawah dan atas bersama-sama. Potong celah 1 inci di kerak atas. Sapukan baki sos dan keju dengan berhati-hati di atasnya.

d) Bakar 30 minit, atau sehingga kerak berwarna perang keemasan dan siap di tengah.

66.Brokoli Negara, Keju, Dan Ham

BAHAN-BAHAN:
- 1 paket (10 auns) brokoli beku
- 1 cawan ham yang dimasak sepenuhnya dipotong dadu
- 1 tin (10.75 auns) sup keju cheddar, pekat
- ½ cawan krim masam
- 2 cawan serbuk roti
- 1 sudu besar mentega atau marjerin, cair

ARAHAN:
a) Panaskan ketuhar hingga 350 darjah.
b) Masak brokoli mengikut arahan pakej. Dalam mangkuk besar, satukan semua bahan kecuali serbuk roti dan mentega. Pindahkan adunan ke dalam loyang 9x13 inci yang telah digris. Satukan serbuk roti dan mentega, kemudian taburkan ke atas adunan. Bakar 30–35 minit.

67.Potongan Babi Keju Swiss

BAHAN-BAHAN:
- 6 ketul daging babi
- 1 sudu besar mentega atau marjerin
- 12 daun salam segar
- 6 keping ham
- 2 sudu besar sage segar yang dicincang
- 1 cawan keju Swiss parut

ARAHAN:
a) Panaskan ketuhar hingga 375 darjah.
b) Dalam kuali, potong daging babi coklat dalam mentega 2-3 minit pada setiap sisi. Letakkan di atas pinggan yang dialas dengan tuala kertas untuk mengalir.
c) Dalam kuali 9x13 inci yang telah digris, lapiskan daging babi, daun bay, ham, sage dan keju.
d) Tutup dan bakar 25 minit.

68. Hash Coklat Syurga

BAHAN-BAHAN:
- 4 cawan coklat cincang beku yang dicincang, dicairkan
- 1 paun bacon, masak dan hancur
- ⅔ cawan susu
- ½ cawan bawang cincang
- ½ sudu teh garam
- ¼ sudu teh lada hitam
- ⅛ sudu teh serbuk bawang putih (pilihan)
- 2 sudu besar mentega atau marjerin, cair

ARAHAN:
a) Panaskan ketuhar hingga 350 darjah.
b) Satukan semua bahan dalam mangkuk besar.
c) Pindahkan ke dalam loyang 8x8 inci yang telah digris.
d) Bakar 45 minit.

69. Jambalaya

BAHAN-BAHAN:
- ½ cawan mentega atau marjerin
- 1 biji bawang besar, dicincang
- 1 lada benggala hijau besar, dicincang
- ½ cawan saderi dipotong dadu
- 1 sudu besar bawang putih kisar
- 1 paun pautan sosej salai masak sepenuhnya, dihiris
- 3 cawan air rebusan ayam
- 2 cawan nasi putih yang belum dimasak
- 1 cawan tomato cincang
- ½ cawan bawang hijau dicincang
- 1-½ sudu besar pasli
- 1 sudu besar sos Worcestershire
- 1 sudu besar sos Tabasco

ARAHAN:
a) Panaskan ketuhar hingga 375 darjah.
b) Dalam kuali, cairkan mentega. Tumis bawang besar, lada benggala, saderi, dan bawang putih dalam mentega sehingga lembut.
c) Dalam mangkuk besar, satukan sosej, sup, nasi, tomato, bawang hijau, pasli, sos Worcestershire dan sos Tabasco. Kacau sayur tumis ke dalam adunan sosej.
d) Sapukan ke dalam loyang 9x13 inci yang telah digris.
e) Tutup dan bakar 20 minit. Kacau, tutup, dan bakar 20 minit lagi.
f) Kacau, tutup dan bakar selama 5-10 minit terakhir, atau sehingga nasi masak.

70. Nasi Oren Dan Daging Babi

BAHAN-BAHAN:
- 6 ketul daging babi
- garam dan lada sulah, secukup rasa
- 1 ⅓ cawan nasi putih yang belum dimasak
- 1 cawan jus oren
- 1 tin (10.75 auns) sup ayam dan nasi, pekat

ARAHAN:
a) Panaskan ketuhar hingga 350 darjah.
b) Dalam kuali, potong daging babi perang 2 minit pada setiap sisi dan perasakan dengan garam dan lada. Mengetepikan.
c) Dalam kuali 9x13 inci yang telah digris, satukan beras dan jus oren.
d) Letakkan daging babi di atas nasi. Tuangkan sup ke atas. Tutup dan bakar 45 minit.
e) Buka tutup dan masak 10 minit lagi, atau sehingga siap.

71.Sosej Pepperoni Kaserol

BAHAN-BAHAN:
- 1 paun sosej
- 1 bawang sederhana, dicincang
- 1 bungkusan (3.5 auns) dihiris pepperoni
- 1 balang (14 auns) sos pizza
- 1 ¼ cawan keju mozzarella parut
- 1 cawan adunan biskut
- 1 cawan susu
- 2 biji telur, dipukul sedikit

ARAHAN:
a) Panaskan ketuhar hingga 400 darjah.
b) Dalam kuali, sosej perang dan bawang bersama sehingga sosej habis. Toskan lebihan gris kemudian kacau dalam pepperoni. Sapukan adunan daging ke dalam loyang 8x8 inci yang telah digris. Tuangkan sos rata ke atas daging. Taburkan keju di atas sos.
c) Dalam mangkuk yang berasingan, campurkan adunan biskut, susu dan telur bersama-sama. Tuangkan adunan rata ke atas campuran daging dan sos.
d) Bakar, tanpa penutup, 25 minit, atau sehingga perang keemasan.

KASERO LEMBU

72. Potpie Daging

BAHAN-BAHAN:
- 1 paun daging rebusan daging lembu tanpa lemak, dimasak
- 1 bungkusan (16 auns) sayur-sayuran campuran beku, dicairkan
- 1 balang (12 auns) kuah cendawan
- ½ sudu teh thyme
- 1 tiub (8 auns) gulungan bulan sabit yang disejukkan

ARAHAN:
a) Panaskan ketuhar hingga 375 darjah.
b) Satukan semua bahan kecuali gulung dalam loyang 9x13 inci yang telah digris.
c) Bakar 20 minit.
d) Keluarkan dari ketuhar dan letakkan doh yang telah dileperkan di atas.
e) Kembali ke ketuhar dan bakar 17–19 minit, atau sehingga kerak berwarna perang keemasan.

73. Roti Jagung Atas Cili

BAHAN-BAHAN:
- 1 bawang sederhana, dicincang
- 1 sudu besar mentega atau marjerin
- 2 tin (15 auns setiap satu) cili dengan daging dan kacang
- 1 tin (11 auns) jagung gaya Mexico, toskan
- 1 cawan keju cheddar parut
- 1 paket campuran roti jagung (saiz kuali 8x8 inci)

ARAHAN:
a) Panaskan ketuhar hingga 425 darjah.
b) Dalam kuali, tumis bawang dalam mentega sehingga bawang lembut. Masukkan cili dan jagung. Sapukan bancuhan cili ke dalam loyang 9x13 inci yang telah digris. Taburkan keju di atasnya.
c) Dalam mangkuk, campurkan adunan roti jagung mengikut arahan pakej. Tuang adunan rata ke atas adunan cili.
d) Bakar 25 minit, atau sehingga roti jagung berwarna perang keemasan dan diletakkan di tengah.

74. Kaserol Enchilada

BAHAN-BAHAN:
- 1 paun daging lembu kisar, perang dan toskan
- 1 tin (15 auns) cili, apa-apa jenis
- 1 tin (8 auns) sos tomato
- 1 tin (10 auns) sos enchilada
- 1 beg (10 auns) kerepek jagung Fritos, dibahagikan
- 1 cawan krim masam
- 1 cawan keju cheddar parut

ARAHAN:

a) Panaskan ketuhar hingga 350 darjah.

b) Dalam mangkuk besar, gabungkan daging lembu yang telah dimasak, cili, sos tomato dan sos enchilada. Kacau dalam dua pertiga daripada kerepek. Sapukan adunan ke dalam loyang 2 liter yang telah digris.

c) Bakar, tanpa penutup, 24–28 minit, atau sehingga dipanaskan.

d) Sapukan krim masam ke atas. Taburkan keju di atas krim masam. Hancurkan cip yang tinggal dan taburkan di atasnya.

e) Bakar 5-8 minit lagi, atau sehingga keju cair.

75. Enchilada Keju Krim

BAHAN-BAHAN:
- 1 paun daging lembu kisar, perang dan toskan
- ½ cawan bawang cincang
- 2 tin (8 auns setiap satu) sos tomato
- ¼ cawan air
- 1 ½ sudu kecil serbuk cili
- ½ sudu teh lada hitam
- 1 pakej (8 auns) krim keju, dilembutkan
- 12 tortilla tepung sederhana
- 2 cawan keju cheddar parut
- daun salad yang dicincang
- krim masam

ARAHAN:

a) Panaskan ketuhar hingga 375 darjah.

b) Dalam mangkuk besar, satukan daging lembu yang telah dimasak, bawang, sos tomato, air dan rempah ratus. Sapukan krim keju ke atas tortilla, gulung dan masukkan ke dalam kuali 9x13 inci yang telah digris. Tuangkan campuran daging lembu ke atas tortilla.

c) Taburkan dengan keju cheddar. Tutup dan bakar 25 minit.

d) Hidangkan di atas daun salad yang dicincang dan di atasnya dengan sedikit krim masam.

76.Chilighetti

BAHAN-BAHAN:
- 1 paun daging lembu kisar, perang dan toskan
- 1 bungkusan (8 auns) spageti, masak dan toskan
- ½ cawan bawang cincang
- 1 cawan krim masam
- 2 tin (8 auns setiap satu) sos tomato
- 4-auns boleh dihiris cendawan
- 2 tin (16 auns setiap satu) cili, apa-apa jenis
- 1 ulas bawang putih, dikisar
- 2 cawan keju cheddar parut

ARAHAN:
a) Panaskan ketuhar hingga 350 darjah.
b) Dalam mangkuk besar, satukan semua bahan kecuali keju.
c) Pindahkan adunan ke dalam loyang 9x13 inci yang telah digris. Teratas dengan keju.
d) Bakar 20 minit.

77. Taco Hidangan Dalam

BAHAN-BAHAN:
- ½ cawan krim masam
- ½ cawan mayonis
- ½ cawan keju cheddar parut
- ¼ cawan bawang cincang
- 1 cawan adunan biskut
- ¼ cawan air sejuk
- ½ paun daging lembu kisar, perang dan toskan
- 1 tomato sederhana, dihiris nipis
- ½ cawan lada benggala hijau, dicincang

ARAHAN:

a) Panaskan ketuhar hingga 375 darjah.

b) Dalam mangkuk, satukan krim masam, mayonis, keju dan bawang. Mengetepikan.

c) Dalam mangkuk yang berasingan, campurkan adunan biskut dan air sehingga menjadi doh yang lembut.

d) Tekan doh di bahagian bawah dan atas sisi loyang 8x8 inci yang telah digris.

e) Lapiskan daging lembu, tomato dan lada benggala di atas doh. Sudukan campuran krim masam di atas.

f) Bakar 25–30 minit.

78.Kaserol Koboi

BAHAN-BAHAN:
- 1 paun daging lembu kisar
- 1 bawang sederhana, dicincang
- 2 lada jalapeño, dibiji dan dipotong dadu
- 2 bungkusan (6.5 auns setiap satu) campuran roti jagung
- ½ sudu teh garam
- ½ sudu teh baking soda
- 1 tin (14.75 auns) jagung ala krim
- ¾ cawan susu
- 2 biji telur, dipukul
- 2 cawan keju cheddar parut, dibahagikan

ARAHAN:
a) Panaskan ketuhar hingga 350 darjah.
b) Dalam kuali, daging lembu perang dengan bawang dan lada sehingga daging lembu siap. Toskan sebarang gris berlebihan dan ketepikan.
c) Dalam mangkuk, satukan campuran roti jagung, garam, baking soda, jagung, susu dan telur. Ratakan separuh adunan di bahagian bawah loyang 9x13 inci yang telah digris. Taburkan separuh keju ke atas adunan. Sudukan adunan daging hingga rata di atasnya.
d) Taburkan baki keju di atas campuran daging, dan kemudian taburkan baki adunan di atas.
e) Bakar, tanpa penutup, 35 minit, atau sehingga roti jagung berwarna perang keemasan dan diletakkan di tengah.

79. Pai Burger Keju yang Luar Biasa

BAHAN-BAHAN:
- 1 paun daging lembu kisar, perang dan toskan
- 1 cawan bawang cincang
- 1 cawan keju cheddar parut
- 1 cawan susu
- ½ cawan adunan biskut
- 2 biji telur

ARAHAN:

a) Panaskan ketuhar hingga 325 darjah.

b) Dalam kuali 9x9 inci yang telah digris, lapisan daging lembu, bawang dan keju.

c) Dalam mangkuk, satukan susu, adunan biskut dan telur. Sapukan adunan doh ke atas keju.

d) Bakar 25–35 minit, atau sehingga pisau yang dimasukkan di tengah keluar bersih.

80. Daging Dan Kentang Kaserol

BAHAN-BAHAN:
- 1 paun daging lembu kisar
- 2 bawang sederhana, dicincang
- 1 ½ sudu teh perasa Itali
- 4 hingga 6 kentang sederhana, dikupas dan dihiris nipis
- garam dan lada sulah, secukup rasa
- 1 tin (10.75 auns) krim sup cendawan, pekat
- ⅓ cawan air

ARAHAN:

a) Panaskan ketuhar hingga 350 darjah.

b) Dalam kuali, daging lembu perang dan bawang bersama sehingga daging lembu siap. Kacau perasa Itali ke dalam campuran daging lembu. Letakkan satu pertiga daripada kentang di bahagian bawah kuali 9x13 inci yang telah digris.

c) Taburkan kentang dengan garam dan lada sulah.

d) Sapukan separuh campuran daging lembu di atas. Ulangi lapisan, berakhir dengan lapisan kentang. Satukan sup dan air. Sapukan campuran sup di atas.

e) Tutup dan bakar 1 jam.

81. Kaserol Bebola Daging

BAHAN-BAHAN:
- 1 tin (10.75 auns) krim sup ayam, pekat
- 1 cawan krim masam
- 1 cawan keju cheddar parut
- 1 biji bawang besar, dicincang
- 1 sudu teh garam
- 1 sudu kecil lada hitam
- 1 bungkusan (30 auns) coklat cincang beku yang dicincang, dicairkan
- 20 bebola daging beku yang telah dimasak terlebih dahulu

ARAHAN:
a) Panaskan ketuhar hingga 350 darjah.

b) Dalam mangkuk, kacau bersama sup, krim masam, keju, bawang, garam dan lada sulah. Dengan tuala kertas, tepuk perang hash kering dan kemudian kacau ke dalam campuran sup.

c) Sapukan adunan hash coklat ke dalam loyang 9x13 inci yang telah digris.

d) Tekan sedikit bebola daging ke dalam adunan coklat hash dalam barisan genap. Tutup dan bakar 35 minit.

e) Buka tutup dan bakar 10–15 minit lagi, atau sehingga perang cincang habis.

82.Bakar Barbeku Cincin Bawang

BAHAN-BAHAN:
- 1-½ paun daging lembu kisar
- 1 bawang sederhana, dicincang
- 1 balang (18 auns) sos barbeku hickory
- 1 beg (16 auns) cincin bawang beku

ARAHAN:
a) Panaskan ketuhar hingga 425 darjah.
b) Dalam kuali, daging lembu perang dan bawang bersama sehingga daging lembu siap. Toskan sebarang gris berlebihan. Kacau sos barbeku ke dalam daging lembu dan bawang.
c) Sapukan campuran daging lembu ke dalam kuali 9x13 inci yang telah digris.
d) Letakkan cincin bawang secara merata di atas.
e) Bakar 20-25 minit, atau sehingga cincin bawang garing.

83.Kaserol Joe Pie yang ceroboh

BAHAN-BAHAN:
- 1 paun daging lembu kisar
- 1 bawang sederhana, dicincang
- 1 tin (15 auns) tomato dihancurkan, dengan cecair
- 1 sampul surat sloppy joe perasa
- 1 tiub (8 auns) doh gulung bulan sabit yang disejukkan

ARAHAN:
a) Panaskan ketuhar hingga 375 darjah.
b) Dalam kuali, daging lembu perang dan bawang bersama sehingga daging lembu siap.
c) Kacau tomato hancur dan perasa ke dalam daging lembu dan bawang.
d) Reneh di atas api sederhana sederhana 5 minit, kacau sekali-sekala.
e) Letakkan campuran daging lembu ke dalam kuali pai 9-inci dalam yang telah digris atau loyang bulat.
f) Letakkan bulan sabit yang diratakan secara individu di atas, letakkan titik kurus di tengah, regangkan tepi bawah segitiga doh bulan sabit ke bahagian luar kuali.
g) Tindih doh jika perlu.
h) Bakar 15 minit, atau sehingga kerak berwarna perang keemasan.

84. Kaserol Barat Daya

BAHAN-BAHAN:
- 1 paun daging lembu kisar, perang dan toskan
- 2 tin (8 auns setiap satu) sos tomato
- 1 tin (12–15 auns) jagung isirong keseluruhan, toskan
- 1 sampul surat perasa taco
- 10 tortilla tepung gaya gordita sederhana
- 1 tin (10.75 auns) krim sup saderi, pekat
- ¾ cawan susu
- 1-½ cawan cheddar parut atau keju campuran Mexico

ARAHAN:
a) Panaskan ketuhar hingga 350 darjah.
b) Dalam mangkuk, satukan daging lembu yang telah dimasak, sos tomato, jagung, dan perasa taco. Gunakan 6 tortilla untuk menutup bahagian bawah dan sisi kuali 9x13 inci yang telah digris.
c) Sapukan campuran daging lembu ke atas tortilla. Gunakan baki tortilla untuk menutup campuran daging lembu, potong supaya muat jika perlu.
d) Campurkan bersama sup dan susu dan tuangkan tortilla. Taburkan keju di atasnya.
e) Bakar 20–25 minit, atau sehingga bahagian tepi bertukar menjadi perang keemasan.

85.Kaserol Tater Tot

BAHAN-BAHAN:
- 1 paun daging lembu kisar
- 1 bawang sederhana, dicincang
- 2 tin (10.75 auns setiap satu) krim cendawan, pekat
- 1 tin (14.5 auns) jagung keseluruhan, toskan
- 1 cawan keju cheddar parut
- 1 bungkusan (27–32 auns) tots tater beku

ARAHAN:
a) Panaskan ketuhar hingga 350 darjah.
b) Dalam kuali, daging lembu perang dan bawang bersama sehingga daging lembu siap. Toskan sebarang gris berlebihan.
c) Letakkan campuran daging lembu ke dalam bahagian bawah kuali 9x13 inci yang telah digris.
d) Sudu 1 tin sup di atas. Taburkan jagung dan keju di atas lapisan sup.
e) Tutup dengan tater tots.
f) Sapukan baki tin sup ke atas tater tots. Bakar 40 minit.

KASEROL IKAN DAN MAKANAN LAUT

86.Kaserol Tuna–Tater Tot

BAHAN-BAHAN:
- 1 pakej (32 auns) tater tots beku
- 1 tin (6 auns) tuna, toskan
- 1 tin (10.75 auns) krim sup ayam, pekat
- ½ cawan susu
- 1 ½ cawan keju cheddar parut

ARAHAN:
a) Panaskan ketuhar hingga 350 darjah.
b) Letakkan tater tots dalam loyang 2 liter yang telah digris.
c) Satukan tuna, sup, dan susu.
d) Tuangkan ke atas tater tots dan kemudian taburkan dengan keju. Tutup dan bakar 1 jam.

87. Kaserol Tuna Tradisional

BAHAN-BAHAN:
- 1 beg (12 auns) mi telur
- 1 tin (10.75 auns) krim sup cendawan, pekat
- ½ cawan susu
- 1 tin (6 auns) tuna, toskan
- 2 cawan keju cheddar parut
- ½ cawan cheddar hancur dan kerepek kentang krim masam

ARAHAN:
a) Panaskan ketuhar hingga 400 darjah.

b) Masak mee mengikut arahan pakej dan toskan. Kacau sup, susu, tuna, dan keju ke dalam mi.

c) Sapukan bancuhan mi ke dalam loyang 2 liter yang telah digris.

d) Bakar 15 minit. Teratas dengan kerepek hancur dan bakar 3-5 minit lagi.

88.Kaserol Salmon Mustard

BAHAN-BAHAN:
- 2 biji telur dipukul
- ⅔ cawan susu penuh
- ½ cawan krim masam
- ¾ cawan serbuk roti kering
- 1 sudu teh perasa makanan laut
- ½ sudu teh perasa lada lemon
- ¼ sudu teh dill kering
- 3 cawan salmon serpihan yang dimasak
- 3 sudu besar. saderi cincang
- 2 sudu besar. bawang cincang
- 4 ½ sudu teh jus lemon
- 1 ⅓ cawan mayonis
- 1 sudu besar. mustard yang disediakan (gunakan kegemaran anda)
- 1 biji putih telur
- 2 sudu besar. pasli segar cincang

ARAHAN:
a) Dalam mangkuk besar, masukkan telur, susu dan krim masam. Pukul sehingga sebati. Masukkan serbuk roti, perasa makanan laut, perasa lada limau dan dill. Pukul sehingga sebati. Masukkan salmon, saderi, bawang dan jus lemon. Kacau hingga sebati.

b) Semburkan loyang 11 x 7 dengan semburan masak tidak melekat. Sudukan kaserol ke dalam loyang. Panaskan ketuhar hingga 350°. Bakar selama 25 minit atau sehingga pisau yang dimasukkan di tengah kaserol keluar bersih.

c) Semasa kaserol masak, masukkan mayonis dan mustard ke dalam mangkuk kecil. Kacau hingga sebati. Dalam mangkuk kecil, masukkan putih telur. Pukul telur

d) putih sehingga stiff peak terbentuk. Masukkan adunan mayonis perlahan-lahan. Ratakan atas kaserol. Bakar selama 10-13 minit atau sehingga topping mengembang dan sedikit keperangan. Keluarkan dari ketuhar dan taburkan pasli di atas.

89.Kaserol Makan Malam Salmon

BAHAN-BAHAN:
- ⅓ cawan lada benggala hijau yang dicincang
- 3 sudu besar. bawang cincang
- 2 sudu besar. minyak sayuran
- ¼ cawan tepung serba guna
- ½ sudu teh garam
- 1 ½ cawan susu penuh
- 10.75 auns tin krim sup saderi
- 6 auns pkg. salmon merah jambu tanpa kulit tanpa tulang
- 1 cawan kacang hijau beku
- 2 sudu teh jus lemon
- 8 ct. boleh sejuk gulung bulan sabit

ARAHAN:
a) Dalam kuali besar di atas api sederhana, masukkan lada benggala hijau, bawang dan minyak sayuran. Tumis selama 5 minit. Masukkan tepung serba guna dan garam ke dalam kuali. Kacau sentiasa dan masak selama 1 minit. Sambil kacau sentiasa, masukkan susu perlahan-lahan.

b) Teruskan kacau dan masak selama 2-3 minit atau sehingga sos pekat dan buih. Keluarkan kuali dari api.

c) Masukkan krim sup saderi, salmon, kacang hijau dan jus lemon ke dalam kuali. Kacau hingga sebati dan masukkan ke dalam loyang berukuran 11 x 7. Panaskan ketuhar hingga 375°.

d) Keluarkan doh bulan sabit dari tin. Jangan buka doh. Potong doh kepada 8 bahagian dan letakkan di atas kaserol.

e) Bakar selama 12-15 minit atau sehingga kerak sabit berwarna perang keemasan dan kaserol panas. Keluarkan dari ketuhar dan hidangkan.

90. Kaserol Makanan Laut Bayou

BAHAN-BAHAN:
- 8 auns krim keju, dipotong dadu
- 4 sudu besar. mentega tanpa garam
- 1 ½ cawan bawang cincang
- 2 rusuk saderi, dicincang
- 1 lada benggala hijau besar, dicincang
- 1 paun udang masak sederhana, dikupas & diketuk
- 2 tin daging ketam toskan & dikelupas, saiz 6 auns
- 10.75 auns tin krim sup cendawan
- ¾ cawan nasi masak
- 4 auns cendawan dihiris balang, toskan
- 1 sudu teh garam bawang putih
- ¾ sudu teh sos Tabasco
- ½ sudu teh lada cayenne
- ¾ cawan keju cheddar yang dicincang
- ½ cawan keropok Ritz hancur

ARAHAN:

a) Panaskan ketuhar hingga 350°. Sembur hidangan pembakar 2 liter dengan semburan masak tidak melekat. Dalam periuk sos kecil di atas api perlahan, masukkan keju krim dan 2 sudu mentega.

b) Kacau sentiasa dan masak sehingga krim keju dan mentega cair. Keluarkan kuali dari api.

c) Dalam kuali besar di atas api sederhana, masukkan bawang, saderi, lada benggala hijau dan 2 sudu besar mentega. Tumis selama 6 minit atau sehingga sayur-sayuran empuk.

d) Masukkan udang, ketam, krim sup cendawan, nasi, cendawan, garam bawang putih, sos Tabasco, lada cayenne dan campuran keju krim. Kacau hingga sebati. Keluarkan kuali dari api dan masukkan ke dalam loyang.

e) Taburkan keju cheddar dan keropok Ritz di atas kaserol.

f) Bakar selama 25 minit atau sehingga kaserol panas dan berbuih. Keluarkan dari ketuhar dan hidangkan.

91. Kaserol Makanan Laut Berkrim

BAHAN-BAHAN:
- 1 paun fillet menggelepar, dipotong menjadi kepingan 1".
- 1 paun udang sederhana mentah, dikupas & dikupas
- 10.75 auns tin krim sup udang
- ¼ cawan susu penuh
- 1 cawan keropok Ritz hancur
- ¼ cawan keju Parmesan parut
- 1 sudu kecil paprika
- 2 sudu besar. mentega tanpa garam cair

ARAHAN:
a) Panaskan ketuhar hingga 350°. Semburkan loyang 11 x 7 dengan semburan masak tidak melekat. Letakkan kepingan menggelepar dan udang dalam loyang.
b) Dalam mangkuk adunan, masukkan krim sup udang dan susu. Kacau hingga sebati dan ratakan ke atas ikan dan udang.
c) Dalam mangkuk kecil, masukkan keropok Ritz, keju Parmesan, paprika dan mentega. Kacau sehingga sebati dan taburkan di atas kaserol.
d) Bakar selama 25 minit atau sehingga ikan mudah mengelupas menggunakan garfu dan udang bertukar merah jambu.
e) Keluarkan dari ketuhar dan hidangkan.

92.Kaserol Halibut

BAHAN-BAHAN:
- 5 sudu besar. mentega tanpa garam
- ¼ cawan tepung serba guna
- ½ sudu teh garam
- ⅛ sudu teh lada putih
- 1 ½ cawan susu penuh
- 1 cawan lada benggala hijau yang dicincang
- 1 cawan bawang cincang
- 2 cawan halibut yang dimasak, dipotong dadu
- 3 biji telur rebus, dicincang
- 2 auns balang pimento merah dipotong dadu, toskan
- ⅓ cawan keju cheddar yang dicincang

ARAHAN:
a) Dalam kuali sos besar di atas api sederhana, masukkan 4 sudu besar mentega. Apabila mentega cair, masukkan tepung serba guna, garam dan lada putih.
b) Kacau sentiasa dan masak selama 1 minit. Sambil kacau sentiasa, masukkan susu perlahan-lahan. Teruskan kacau dan masak lebih kurang 2 minit atau sehingga sos pekat. Keluarkan kuali dari api dan letakkan penutup pada kuali.
c) Panaskan ketuhar hingga 375°. Sembur hidangan kaserol 1 ½ liter dengan semburan masak tidak melekat. Dalam kuali kecil di atas api sederhana, masukkan 1 sudu besar mentega. Apabila mentega cair, masukkan lada benggala hijau dan bawang besar.
d) Tumis selama 5 minit atau sehingga sayur empuk. Angkat dari api dan masukkan ke dalam sos.
e) Masukkan halibut, telur rebus dan pimento merah ke dalam sos. Kacau hingga sebati dan masukkan ke dalam bekas kaserol.
f) Taburkan keju cheddar di atas kaserol.
g) Bakar selama 15-20 minit atau sehingga kaserol panas dan berbuih.
h) Keluarkan dari ketuhar dan hidangkan.

93. Tapak Bakar & Kaserol Bayam

BAHAN-BAHAN:
- 16 cawan air
- 8 auns pkg. mee telur
- 3 sudu besar. mentega tanpa garam
- 3 sudu besar. tepung serbaguna
- 3 cawan susu penuh
- 1 ½ cawan keju cheddar yang dicincang
- 1 sudu besar. jus lemon
- 1 sudu teh garam
- 1 sudu teh mustard kisar
- 1 sudu teh sos Worcestershire
- ⅛ sudu teh buah pala yang dikisar
- ⅛ sudu teh lada hitam
- 2 pkg. bayam beku kering dicairkan & diperah, saiz 10 auns
- 1 ½ paun fillet tunggal
- ¼ cawan badam cincang panggang

ARAHAN:

a) Dalam periuk sos besar di atas api sederhana, masukkan air. Apabila air mendidih, masukkan mee telur. Masak selama 6 minit atau sehingga mee lembut. Keluarkan kuali dari api dan toskan semua air dari mee.

b) Dalam kuali sos besar di atas api sederhana, masukkan mentega. Bila mentega cair, masukkan tepung serba guna. Kacau sentiasa dan masak selama 1 minit.

c) Sambil kacau sentiasa, masukkan susu perlahan-lahan.

d) Teruskan kacau dan masak selama 2 minit atau sehingga sos pekat dan menggelegak.

e) Masukkan 1 cawan keju cheddar, jus lemon, garam, mustard kisar, sos Worcestershire, buah pala dan lada hitam ke dalam kuali. Kacau sehingga sebati dan keju cair.

f) Masukkan mee ke dalam sos. Kacau hingga sebati. Keluarkan separuh sos dan masukkan ke dalam mangkuk.

g) Panaskan ketuhar hingga 375°. Sembur loyang 9 x 13 dengan semburan masak tidak melekat. Sudukan baki sos dalam loyang. Letakkan bayam di atas sos dalam loyang. Letakkan fillet tunggal di atas.

h) Sapukan sos keju yang telah dikhaskan di atas. Taburkan badam di atas sos.

i) Bakar selama 30 minit atau sehingga kaserol berbuih dan tapaknya mudah mengelupas dengan garpu. Keluarkan dari ketuhar dan hidangkan.

94. Kaserol Batang Jagung & Ikan

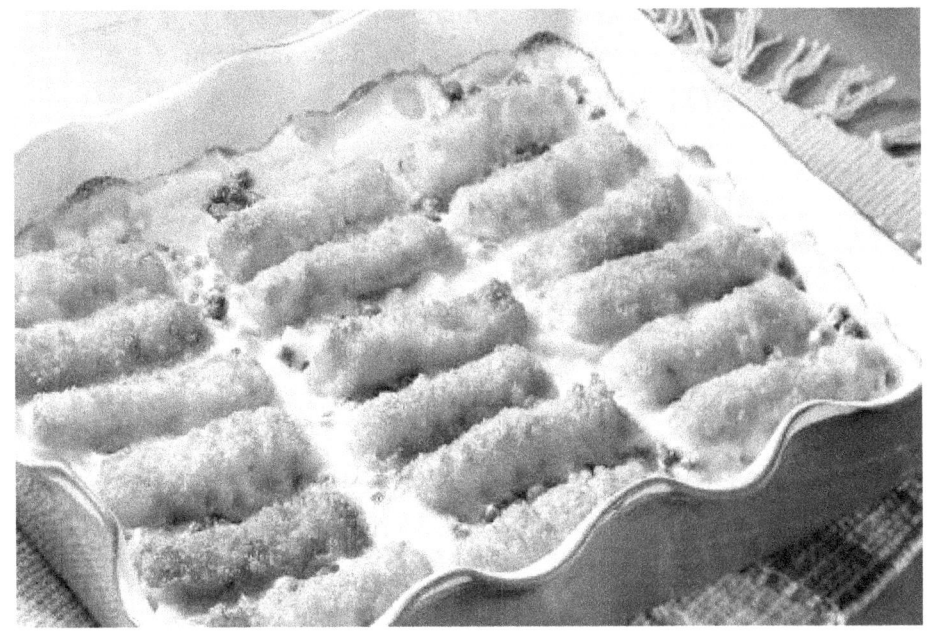

BAHAN-BAHAN:
- ¼ cawan bawang cincang
- ¼ cawan lada benggala hijau yang dicincang
- ¼ cawan mentega tanpa garam, dipotong dadu
- ¼ cawan tepung serba guna
- 1 ½ sudu teh garam
- ¼ sudu teh lada hitam
- 2 sudu teh gula pasir
- 2 tin tomato rebus, saiz 14 auns
- 2 pkg. dicairkan seluruh jagung isirung beku, saiz 10 auns
- 24 auns pkg. batang ikan beku

ARAHAN:

a) Panaskan ketuhar hingga 350°. Sembur dua pinggan mangkuk 11 x 7 dengan semburan masak tidak melekat. Dalam kuali besar di atas api sederhana, masukkan bawang, lada benggala hijau dan mentega. Tumis selama 4 minit.

b) Masukkan tepung serba guna, garam, lada hitam dan gula pasir ke dalam kuali. Kacau sentiasa dan masak selama 1 minit. Masukkan tomato dengan jus ke dalam kuali. Kacau sentiasa dan masak selama 2-3 minit atau sehingga sos pekat dan menggelegak. Keluarkan kuali dari api dan masukkan jagung. Kacau hingga sebati. Sudukan ke dalam loyang.

c) Letakkan batang ikan di atas kaserol. Tutup pinggan dengan aluminium foil. Bakar selama 25 minit. Keluarkan aluminium foil. Bakar selama 15 minit atau sehingga batang ikan berwarna perang keemasan dan kaserol panas dan berbuih.

d) Keluarkan dari ketuhar dan hidangkan.

95.Kaserol Tiram

BAHAN-BAHAN:
- 1 liter tiram shucked
- 2 cawan bawang cincang
- 1 ½ cawan saderi cincang
- ¾ cawan mentega tanpa garam
- ½ cawan tepung serba guna
- 2 cawan separuh dan separuh krim
- 2 sudu teh pasli segar cincang
- 1 sudu teh garam
- ½ sudu teh thyme kering
- ¼ sudu teh lada hitam
- ⅛ sudu teh lada cayenne
- 4 biji kuning telur yang dipukul
- 2 cawan keropok Ritz hancur

ARAHAN:

a) Toskan tiram tetapi simpan minuman keras dari tiram dalam mangkuk kecil. Dalam kuali sos besar di atas api sederhana, masukkan bawang, saderi dan ½ cawan mentega. Tumis selama 6 minit atau sehingga sayur-sayuran empuk.

b) Masukkan tepung serba guna ke dalam kuali. Kacau sentiasa dan masak selama 1 minit. Sambil sentiasa kacau, masukkan separuh dan separuh krim perlahan-lahan. Teruskan kacau dan masak kira-kira 2 minit atau sehingga sos pekat dan buih.

c) Kecilkan api menjadi rendah. Masukkan pasli, garam, thyme, lada hitam, lada cayenne dan cecair tiram simpanan. Kacau sentiasa dan masak selama 2 minit. Masukkan kuning telur yang telah dipukul ke dalam mangkuk kecil. Masukkan 1 sudu besar sos ke dalam telur. Pukul sehingga sebati. Tambah satu lagi sudu sos ke kuning.

d) Pukul sehingga sebati. Masukkan kuning telur ke dalam kuali dan kacau hingga sebati. Keluarkan kuali dari api.

e) Sembur loyang 9 x 13 dengan semburan masak tidak melekat. Panaskan ketuhar hingga 400°. Sapukan separuh sos dalam loyang.

f) Sapukan separuh tiram ke atas sos. Taburkan separuh keropok Ritz di atas. Ulangi langkah melapis 1 kali lagi.

g) Dalam mangkuk microwave, masukkan ¼ cawan mentega. Ketuhar gelombang mikro selama 30 saat atau sehingga mentega cair. Keluarkan dari ketuhar gelombang mikro dan taburkan mentega di atas serbuk keropok. Bakar selama 25 minit atau sehingga kaserol berbuih dan perang keemasan.

h) Keluarkan dari ketuhar dan biarkan kaserol berehat selama 10 minit sebelum dihidangkan.

96. Kaserol Kreol Udang

BAHAN-BAHAN:
- 2 sudu besar. minyak zaitun
- 1 ½ cawan lada benggala hijau yang dicincang
- 1 cawan bawang cincang
- ⅔ cawan saderi yang dicincang
- 2 ulas bawang putih, dikisar
- 1 cawan beras gandum panjang kering
- 14 auns boleh tomato dipotong dadu
- 2 sudu teh sos Tabasco
- 1 sudu teh oregano kering
- ¾ sudu teh garam
- ½ sudu teh thyme kering
- Lada hitam secukup rasa
- 1 paun udang segar sederhana, dikupas & dikupas
- 1 sudu besar. pasli cincang segar

ARAHAN:
a) Panaskan ketuhar hingga 325°. Dalam kuali besar di atas api sederhana tinggi, masukkan minyak zaitun. Apabila minyak telah panas, masukkan lada benggala hijau, bawang besar, saderi dan bawang putih. Tumis selama 5 minit. Masukkan nasi ke dalam kuali. Tumis selama 5 minit.
b) Toskan tomato tetapi simpan cecair. Tambah air ke dalam cecair tomato sama dengan 1 ¾ cawan. Masukkan tomato, cecair tomato, sos Tabasco, oregano, garam, thyme dan lada hitam secukup rasa ke dalam kuali.
c) Kacau sehingga sebati dan masak selama 2 minit. Keluarkan kuali dari api dan masukkan udang.
d) Sudukan kaserol ke dalam loyang 2 ½ liter. Tutup pinggan dengan aluminium foil. Bakar selama 50-55 minit atau sehingga nasi empuk.
e) Keluarkan hidangan dari ketuhar dan taburkan pasli di atas.

97. Kaserol Gratin Makanan Laut

BAHAN-BAHAN:
- 8 auns udang masak sederhana, dikupas & dikeringkan
- 8 auns daging ketam masak
- 8 auns tapak masak, dicincang
- 8 auns udang galah masak, dicincang
- 2 sudu besar. mentega tanpa garam
- 2 sudu besar. tepung serbaguna
- ½ cawan susu penuh
- ¼ cawan keju Parmesan parut
- ½ cawan Coca cola
- 2 sudu besar. serbuk roti panko

ARAHAN:
a) Panaskan ketuhar hingga 325°. Sembur hidangan pembakar 2 liter dengan semburan masak tidak melekat. Masukkan udang, ketam, tapak kaki dan udang galah ke dalam hidangan pembakar. Dalam kuali dengan api sederhana, masukkan mentega.
b) Apabila mentega cair, masukkan tepung serba guna. Kacau sentiasa dan masak selama 1 minit.
c) Semasa sentiasa kacau, perlahan-lahan, masukkan susu dan keju Parmesan. Kacau sentiasa dan masak selama 3 minit atau sehingga sos pekat dan menggelegak.
d) Keluarkan kuali dari api dan kacau dalam Coca Cola. Sapukan sos ke atas makanan laut dalam hidangan pembakar. Taburkan serbuk roti di atas.
e) Bakar selama 20 minit atau sehingga kaserol panas dan berbuih. Keluarkan dari ketuhar dan sejukkan selama 5 minit sebelum dihidangkan.

KASEROL MANIS

98.Kaserol Roti Pendek Strawberi

BAHAN-BAHAN:
- 3 ½ cawan krim pekat
- 16 auns krim mascarpone, pada suhu bilik ½ cawan ditambah 2 sudu besar. gula serbuk
- 2 sudu teh ekstrak vanila
- ¼ sudu teh garam
- 90 biskut roti pendek
- 2 paun strawberi segar, dikupas & dihiris
- 1 pisang, dikupas & dihiris

ARAHAN:
a) Masukkan krim kental, krim mascarpone, gula tepung, ekstrak vanila dan garam ke dalam mangkuk adunan. Menggunakan pengadun pada kelajuan sederhana, pukul sehingga anda hampir mempunyai puncak tegar. Krim harus padat tetapi masih boleh disebarkan.

b) Sapukan lapisan nipis krim di bahagian bawah loyang 9 x 13. Letakkan lapisan biskut roti pendek di atas krim. Sapukan ¼ baki krim ke atas biskut. Letakkan ⅓ daripada strawberi di atas krim. Letakkan satu lagi lapisan biskut di atas strawberi.

c) Sapukan satu lagi lapisan krim ke atas biskut. Letakkan ⅓ lagi strawberi di atas krim. Letakkan satu lagi lapisan biskut di atas strawberi. Ulangi langkah melapis 1 kali lagi.

d) Letakkan hirisan pisang di atas. Sapukan baki krim ke atas kaserol. Tutup kuali dengan bungkus plastik. Sejukkan sekurang-kurangnya 6 jam sebelum dihidangkan.

99. Kaserol Pancake Pisang Coklat

BAHAN-BAHAN:
- 4 biji telur
- 1 cawan krim berat
- ¼ cawan sirap maple
- 1 sudu teh ekstrak vanila
- 40 penkek kecil beku, dicairkan
- 2 biji pisang, kupas & hiris nipis
- ¾ cawan cip coklat kecil
- Gula serbuk secukup rasa

ARAHAN:

a) Sembur loyang kek bulat 9" dengan semburan masak tidak melekat. Dalam mangkuk adunan, masukkan telur, krim kental, sirap maple dan ekstrak vanila. Pukul sehingga sebati. Letakkan separuh lempeng dalam loyang kek.

b) Letakkan separuh hirisan pisang di atas lempeng. Taburkan separuh cip coklat ke atas penkek. Tuang separuh adunan telur ke atas. Ulangi langkah melapis sekali lagi.

c) Tutup kuali dengan aluminium foil. Sejukkan selama 2 jam. Keluarkan dari peti sejuk dan biarkan kaserol berada pada suhu bilik selama 30 minit. Panaskan ketuhar hingga 350°. Bakar selama 30 minit. Keluarkan aluminium foil dari kuali.

d) Bakar selama 5-10 minit atau sehingga kaserol ditetapkan dan penkek panas.

e) Keluarkan dari ketuhar dan taburkan dengan gula tepung secukup rasa.

100.Smores Kaserol

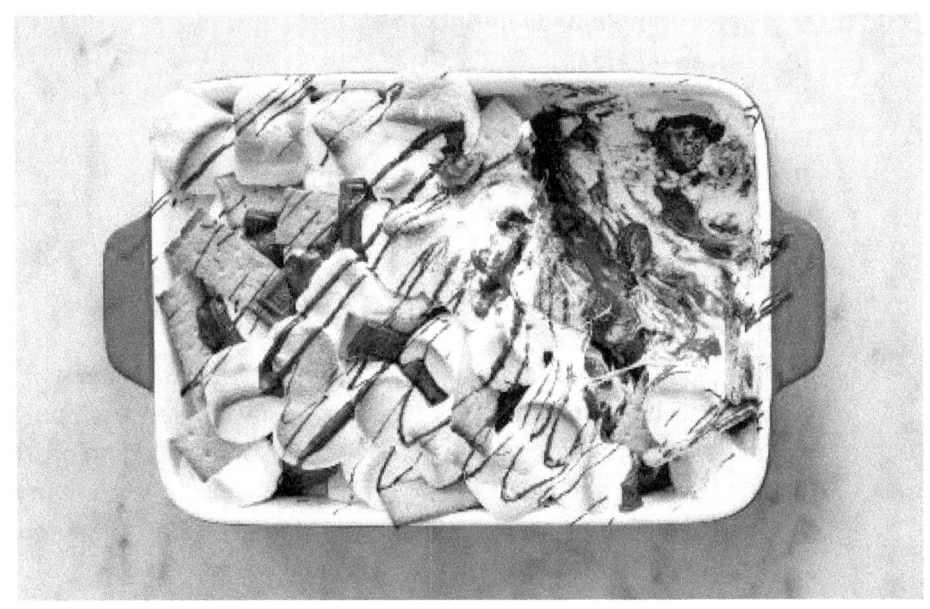

BAHAN-BAHAN:
- 2 helai pastri puff beku, dicairkan
- 1 paun krim keju, dilembutkan
- 1 cawan gula pasir
- 7 auns balang krim marshmallow
- 9 biji keropok graham
- 6 sudu besar. mentega tanpa garam cair
- 1 cawan cip coklat separuh manis
- 2 cawan marshmallow kecil

ARAHAN:
a) Panaskan ketuhar hingga 375°. Sembur sedikit loyang 9 x 13 dengan semburan masak tidak melekat. Canai 1 helai pastri puff yang cukup besar untuk muat bahagian bawah loyang. Letakkan pastri puff di bahagian bawah kuali. Cucuk puff pastry seluruhnya dengan garfu.
b) Bakar selama 4 minit. Keluarkan dari ketuhar dan sejukkan sepenuhnya sebelum diisi.
c) Dalam mangkuk adunan, masukkan keju krim dan ¾ cawan gula pasir. Menggunakan mixer pada kelajuan sederhana, pukul sehingga sebati dan sebati. Masukkan krim marshmallow ke dalam mangkuk. Gaul hingga sebati dan sapukan ke atas puff pastry dalam kuali.
d) Hancurkan keropok graham menjadi serbuk dalam mangkuk kecil. Masukkan 2 sudu besar gula pasir dan 3 sudu besar mentega ke dalam mangkuk. Kacau sehingga sebati dan taburkan di atas inti krim.
e) Taburkan cip coklat dan marshmallow kecil di atas. Gulungkan helaian kedua pastri puff yang cukup besar untuk menutup bahagian atas.
f) Cucuk pastri dengan garpu dan letakkan di atas kaserol. Sapu 3 sudu besar mentega pada bahagian atas pastri puff. Taburkan baki gula pasir di atas.
g) Bakar selama 12-15 minit atau sehingga pastri puff kembang dan perang keemasan.
h) Keluarkan dari ketuhar dan sejukkan selama 5 minit sebelum dihidangkan.

KESIMPULAN

Semasa kami mengakhiri perjalanan kami melalui "Buku Masakan Kaserol Cepat Betul," kami berharap anda telah menemui kegembiraan dan kemudahan menyediakan makanan selesa yang lazat dengan mudah. Kaserol mempunyai cara istimewa untuk menyatukan orang ramai, sama ada di meja makan bersama keluarga atau di potluck dengan rakan-rakan. Sambil anda terus menerokai dunia memasak kaserol, semoga setiap resipi yang anda cuba membawa anda lebih dekat dengan keseronokan ringkas makanan yang dimasak di rumah dan kenangan terindah.

Memandangkan halaman terakhir buku masakan ini diselak dan aroma masakan yang dipanggang masih ada di dapur anda, ketahuilah bahawa perjalanan tidak berakhir di sini. Eksperimen dengan bahan-bahan baharu, sesuaikan resipi mengikut citarasa anda dan rangkul kegembiraan berkongsi hidangan lazat dengan yang anda gemari. Dan apabila anda mendapati diri anda memerlukan hidangan yang cepat dan selesa, "Buku Masakan Kaserol Cepat" akan berada di sini, bersedia untuk membimbing anda dalam pengembaraan masakan anda.

Terima kasih kerana menyertai kami dalam perjalanan berperisa ini melalui dunia kaserol. Semoga dapur anda dipenuhi dengan aroma masakan yang menyelerakan, meja anda dengan gelak tawa orang tersayang, dan hati anda dengan kehangatan hidangan yang dimasak di rumah. Sehingga kita bertemu lagi, selamat memasak dan bon appétit!

www.ingramcontent.com/pod-product-compliance
Lightning Source LLC
Chambersburg PA
CBHW070416120526
44590CB00014B/1417